U0919762

# 镖行四海

主编 刘建生

副主编 刘成虎

刘映海 乔增光 著

山西出版传媒集团 山西教育出版社

图书在版编目（CIP）数据

镖行四海 / 刘建生主编. — 太原 ：山西教育出版社，2021. 5（2023.12重印）
（晋商五百年）
ISBN 978-7-5703-1492-8

Ⅰ. ①镖… Ⅱ. ①刘… Ⅲ. ①保镖—史料—山西 Ⅳ. ①D691. 6

中国版本图书馆 CIP 数据核字（2021）第 068217 号

## 晋商五百年·镖行四海

JINSHANG WUBAI NIAN · BIAOXINGSIHAI

出版人 李 飞
责任编辑 康红刚
复 审 邓吉忠
终 审 康 健
装帧设计 薛 菲 刘志斌
内文排版 李 珍
印装监制 赵 群
图片统筹 刘志斌
摄 影 薛 菲 王永伟 刘志斌 梁 铭
刘映海 荣 浪 康红刚等

特别鸣谢 北京晋商博物馆
支持单位 北京晋商博物馆 山西省博物院
太原晋商博物馆 山西财经大学晋商博物馆

出版发行 山西出版传媒集团·山西教育出版社
（地址：太原市水西门街馒头巷 7 号 电话：0351-4729801 邮编：030002）
印 刷 山西印美文化科技有限公司
印 次 2021 年 5 月第 1 版 2023 年 12 月第 2 次印刷
开 本 787×1092 1/16
印 张 13. 5
字 数 204 千字
书 号 ISBN 978-7-5703-1492-8
定 价 29. 80 元

康熙皇帝说：“今朕行历吴越州郡，察其市肆贸迁多系晋省之人，而土著者盖寡。”

——《清实录》康熙二十八年二月乙卯条

· · · · · ·

山西巡抚刘于义上奏说：“山右积习，重利之念，甚于重名。子弟之俊秀者，多入贸易一途，其次宁为胥吏。至中材以下，方使之读书应试。”雍正帝在其奏疏上“朱批”：“山右大约商贾居首，其次者犹肯力农，再次者谋入营伍，最下者方令读书。朕所悉知。”

——《雍正朱批谕旨》，第四十七册，雍正二年五月十二日朱批

· · · · · ·

在海外十余年，对于外人批评吾国商业能力，常无辞以对，独至有历史、有基础、能继续发达之山西商业，鄙人常以自夸于世界人之前。

——梁启超《在山西票商欢迎会演说词》，1912年

· · · · · ·

平阳、泽、潞豪商大贾甲天下，非数十万不称富。

——王士性《广志绎》

· · · · · ·

富室之称雄者，江南则推新安，江北则推山右。

——谢肇淛《五杂俎》

· · · · · ·

山右巨商，所立票号，法至精密，人尤敦朴，信用最著。

——《清朝文献通考》，卷十八

1888年，英国汇丰银行一位经理甫将离开中国时，对山西票号、钱庄经营人有过这样一段评论："我不知道我能相信世界上任何地方的人像我相信中国商人或钱庄经营人那样快……这25年来，汇丰银行与上海的中国人作了大宗交易，数目达几亿两之巨，但我们从没有遇到一个骗人的中国人。"

——渠绍淼《晋商兴盛溯源》

· · · · · ·

中国商贾夙称山陕，山陕人智术不能望江浙，其推算不能及江西湖广，而世守商贾之业，唯其心朴而实也。

——清代外交家、首任驻英公使郭嵩焘

· · · · · ·

霭龄坐在一顶十六个农民抬着的轿子里，孔祥熙则骑着马，但是，使这位新娘更为吃惊的是，在这次艰苦的旅行结束时，她发现了一种前所未闻的最奢侈的生活。因为一些重要的银行家住在太谷，所以这里常常被称为"中国的华尔街"。

——罗比·尤恩森《宋氏三姐妹》

· · · · · ·

在上一世纪（19世纪——编者注）乃至以前相当长的一个时期内，中国最富有的省份不是我们现在可以想象的那些地区，而竟然是山西！直到本世纪（20世纪——编者注）初，山西，仍是中国堂而皇之的金融贸易中心。北京、上海、广州、武汉等城市里那些比较像样的金融机构，最高总部大抵都在山西平遥县和太谷县几条寻常的街道间，这些大城市只不过是腰缠万贯的山西商人小试身手的码头而已。

——余秋雨《抱愧山西》

# 未曾消逝的风华

## （代序）

三晋大地是孕育中华民族的热土。距今180余万年前，山西匼河西侯度出现了迄今为止在中国发现的最早的人类。许家窑、丁村、峙峪、北撖……山西几乎保留了旧、新石器时代不同阶段的所有遗存。从那时起，山西曾一度是中华文明的代表。

隋代，雄踞太原的李渊成为天朝大国新的主宰，太原也因此成为大唐帝国的北都。唐代的三晋是一个文化昌达、名人辈出的地方，王维、柳宗元、狄仁杰、河东裴氏……一个个镌刻在青史上的名字，推动着唐代文化登峰造极。当鼎盛的铅华在四起的狼烟中悄然褪尽，宋太宗的铁骑踏过黄河，刘汉王朝灰飞烟灭之后，连年的战火、无休止的争斗，李唐盛极一时的河东文化似乎真的随着太原城那场人为的大火飘零没落了。

有人说，唐代以后的山西乏善可陈，科考不利、文化名人匮乏，山西的文化凋落了，但很少有人注意到，在时代变革、文化演进的浪潮中，山西扬弃旧腐、推陈出新的地域文化特征和独特的文化变迁方式。17世纪以降，在风云诡谲的世界形势中，经济实力成为决定国家兴衰至为重要的因素。当西方凭借坚船利炮不断开拓世界市场、中国依然沉浸在义利之辩中无法自拔时，被梁启超先生“常以自夸于世界人之前”的那些“胡服辫发”的山西商人又一次成为引领时代潮流的群体……时任德国柏林大学校长的李希霍芬男爵曾评价说，山西人“具有卓越的商才和大企业精神，有无比优越的计算智能，有发达的数字意识和金融才华”，因此“中国人好比犹太人，而山西人更像犹太人”。

晋商从默默无闻的引车卖浆者逐渐发展成为“非数十万不称富”的豪商巨贾，纵横捭阖五百余载，足迹遍及大江南北。他们凭着敢为天下先的精神，利用国家政策，抓住历史机遇。他们栉风沐雨，远渡重洋，北至西伯利亚、伊尔库茨克，南抵香港、加尔各答，东到神户、大阪、横滨、仁川，西涉喀什噶尔、塔尔巴哈台，业务涉及盐、茶、粮食、布匹、典当、票号等诸多行业，以独具特色的经商理念与经营艺术，创造了一个个令世人瞩目的商业奇迹。我们山西大学晋商学研究所同仁曾循着晋商的足迹赴东瀛，到欧美，北上恰克图、海参崴收集相关史料。大家无不为昔日晋商“劈开万顷波涛，踏破千里荒漠”的那种艰苦创业、百折不挠的精神所折服。尽管晋商在清末战乱中逐步走向衰败，商业和金融业态的转变使之无法承担起信用制度变迁所带来的庞大交易费用，但他们并没有化作历史的尘埃随风飘逝，其遗留下来的丰富的物质和精神遗产，至今依然影响着我们。

站在平遥、太谷、祁县等古老县城的街道上，放眼望去，掩映在夕阳余晖中的是一座座明清晋商的豪宅大院、孕育着郁郁生机的老街，还有那商号店铺的门帘随着进进出出的人们不停地摆动，像少女头饰上随风摇曳的流苏。熙攘而恬静，喧嚣而自然，建筑和人交相融合，很容易让人产生时间上的错觉。思绪的穿越，把我们带回到清代，街面上此起彼伏的吆喝声、票号柜台上眼镜戴在鼻尖上的掌柜、镶满铁钉的大门、被缰绳磨得发亮的花岗石拴马桩……使我们抑制不住钩沉旧事的冲动。

每处遗存都有着自己的故事，每件古物都有着鲜为人知的传说。发现故事讲给世人听，是三晋学人义不容辞的责任。因此，我们会集山西大学晋商学研究所以及经济、历史、教育、体育等学科从事晋商研究的多位学者，捃摭多年研究成果，从晋商盐帮、茶商、典当、票号、镖局、会馆、家族、大院、教育以及走西口、粮油故道、保晋公司等入手，通过点滴历史事件，深入浅出，图文并茂，向读者展示明清晋商的不同侧面，以期雅俗共赏，弘扬中国传统商业文化。

于山西大学晋商学研究所

# 目录 MULU

# 前言

“太行横拥巨川回，三晋由来产异材。”（司马光）位于我国中部的三晋大地是华夏文明的发源地之一，早在180万年前的西侯度人就劳动生息在黄土高原之上，中华民族的始祖炎、黄二帝活动在晋南一带，史前三大伟人尧、舜、禹均为山西人，姜子牙、介子推、廉颇、霍去病、晋文公、关羽、尉迟恭、武则天、薛仁贵、杨家将、马全、傅山等英雄豪杰层出不穷，代不乏人。至清代时，乔贵发、雷履泰、李大全、渠本翘、李宏龄、戴龙邦等三晋商人更是用顽强不屈的意志、勇于开拓的精神纵横捭阖、踏遍华夏，执全国商业、金融业之牛耳，享誉全球。

晋商兴于明而盛于清，驰骋商界五百年，其资本之雄厚、经营项目之多、活动区域之广、活跃时间之长，为世界商界所罕见。（刘建生，《晋商研究》）而在晋商集体之中，有这样一群特殊的商人，他们没有雄厚的资本，但货车上满载着金银；他们没有显赫的地位，但无论官商都待若上宾；他们不是官兵衙役，但手持武器奋勇杀贼；他们与盗匪为敌，但却又与盗匪为友。这就是镖师——清代的保险业从业人员。

走镖者，英雄也。“白龙马，梨花枪，走遍天下是家乡。”（清·佚名，《江湖走镖隐语行话谱》）短短数字，一个纵横四海的英雄形象跃然纸上，引来无数遐想：单枪匹马闯荡江湖，武艺高强力拒强豪；野店荒林细品孤独，把酒问天尽展豪迈；英雄救美远播佳话，商旅涕零流芳侠名。如此形象而完美的镖师生活多么让人期待。风靡全球的成人童话——武侠小说中描写了大量的行侠仗义的镖师、侠客。然而，这个在历史上曾经真实存在的行业远不是想象中的那么美好。携带着数以万计的白花花的银两，置身于危机四伏的江湖之中，行走在山高路险、水急时长、人烟稀少的重冈复岭之上，不敢解衣睡觉、不能洗脸、兵器从不离身，随时防备着土匪、盗贼的抢、偷、纵火等，用汗水甚至生命为商旅服务。常常一走就是几个月，其间的艰辛与危险非常人所能忍受。没有过人的胆识和过硬的武功，怎敢做一名镖师。

晋人恰恰有这样的胆识和武功，在华夏文明数千年的发展中，山西始终处于兵家必争之地，长期的硝烟没有磨灭晋人淳朴勤俭的民风，却培养了刚强豪放、侠义勇敢的品质；大量的争斗没有消减晋人好儒礼让的习俗，却锤炼出晋人好勇尚斗、武艺超群的技术。正是豪放坚韧的胆识使晋人敢于走出山西，四海经商；而出类拔萃的武艺则助晋人敢做最危险的商业——镖局。

镖局是以武术为基本手段，以保护商人人身、经营场所安全和商品、现银长途运输安全为主要目的的商业机构，具有一定的保险性质。（李金龙、刘映海，《清代镖局与山西武术》）镖局虽然只是在清代短暂存在了二百多年的行业，但却在历史上留下了浓厚的一笔，不仅在当时的历史时期对商业的发展起了一定的推动作用，而且对中国武术和中华文化产生了深远的影响，是中国侠义文化传承的载体。直至今日，镖局所承载的侠义文化仍通过文学、影视等形式影响着中国人。

时至今日，苍凉的镖局旧址，携卷着数百年的风雨，依然淡定地矗立着。人们依然可以从青石路上的车辙印上读到逝去的辉煌，从老舍笔下的镖师沙子龙的“不传、不传”声中感悟到一丝凄凉的豪迈。

# 第一章

## 武为镖胆　义为镖魂

镖局是清代的保险机构，专门武装押运商品、现银等重要物资和钱财，保卫其安全运转。现有研究已表明镖局和晋商有着密切关系。（李金龙、刘映海，《清代镖局与山西武术》）可以说镖局是因晋商需要而产生，随晋商兴盛而兴盛，伴晋商没落而消亡。

镖局短暂的历史使命是解决资本和商品运输中的安全问题。清代商业大发展中，资本、商品流通范围的日益扩大，大量的资金和货物往来于诸多城市之间，但运输保障体系尚未建立，资金和货物的运输安全问题日益突出。无数商人的钱、货甚至生命在长途运输中被强豪、土匪、盗贼掳去。这其中，以长途贩运和转售贸易为经营特点的晋商最为艰难。

勇于探索、尚于开拓的晋商没有坐以待毙，而是根据晋人多有“尚武好勇”之能，皆有“行侠仗义”之性，创立了镖局以应对。从此，浩瀚沙漠、羊肠小道、湍急大江、繁华集市，到处都能听到一声声“合吾”的号子，看到一个个精神抖擞的镖师，听到一曲曲除奸去恶的赞歌。

# 第一节　晋人尚武　英豪辈出

镖局吃的是滚刀饭（意指滚过刀阵才有饭吃），没有功夫，何敢言勇，武术技能差一点就会搭上性命；镖局走得是“团队”路，高手是头，勇者为辅，团结才有力量。这样的特性，只有在既有高手聚集，又有强悍民风的土壤里才能产生、发展。

关键词：表里山河　晋人尚武　高手云集

山西具备镖局诞生的民风土壤。重要的地理位置、长期的战争造就了山西人淳朴厚道、勇武强悍的性格特质。晋人尚武之风，源远流长，远可追溯至上古之时的黄帝与蚩尤时代；其后有晋文公、介子推、蔺相如、廉颇、卫青、霍去病、关羽、尉迟恭、武则天、薛仁贵、杨家将等，尚武人才辈出。

> **延伸阅读**
>
> **晋文公**（前697—前628年），晋献公之子，名重耳，春秋时期著名的政治家、晋国国君，与齐桓公齐名，为春秋五霸之一。为人忠厚，重礼节，讲义气。他最先不是太子，因为王位之争而受迫害，长期在外流亡，后来在秦国和楚国的帮助下，回国做了国君。晚年，励精图治，稳定社会，发展农业，使晋国兴盛起来，成为春秋五霸之一，后曾成为各诸侯国的盟主（玉石盟书已被考古发现，出土于侯马、曲沃一带）。

## 一、兵家必争之地

柳宗元称山西表里山河，四山阻隔，黄河北纵南横，环绕半壁。东太行，西吕梁，两山如巨大的屏障，塞上高原北接内蒙古，南临黄河断出秦晋。光绪《山西通志·风土记》载：“夫山西，其东则太行为之屏障，其西则大河为之襟带；于北则大漠阴山之外蔽，而勾注雁门为之内险，于南则孟津潼关皆吾门户也。”如此封闭的自然环境将山西四关锁土，南下和东去的出口要过中

山西险要地势之一
山西险要的地势和重要的地理区位，使其至今一直是中国北方的战略要地。

条山和太行山脉，太行山脉阻断了山西与华北大平原的联系，平均高度一千五百米，南北总长八百余千米，只有八个仅可容身的峡谷，以沟通河北平原与山西高原，世人称之为“太行八陉”。魏武帝曹操在过太行时就对此发出过无限感慨：“北上太行山，艰哉何巍巍。羊肠坂诘屈，车轮为之摧。”北上和西去也是异常艰险。西去要穿越吕梁山，这条道路之艰险直至今天还是山西与西部沟通的瓶颈。向北则是要穿过长城各口，长城即筑于重重山峦之间，其交通之艰难不言而喻。

如此艰险的自然条件，却是兵家必争之地。山西地处北京、西安、洛阳三大古都之间，又北接内蒙古。唐朝以前，首都主要在西安；五代以后，首都主要在北京。六大古都依次为北京、西安、洛阳、开封、南京、杭州。中国历史上大多建都于北方，从秦汉至清鸦片战争（前 221—1840 年），以统一时期为例，1593 年里只有明初 52 年都城位于南方，北方建都时间长达 1541 年，占 96.7%。这种政治地理特点，使山西成为政权更迭、政治斗争的主要战场，在上述 2061 年里累计发生战役 840 次，其中在山西境内的战役为 125 次，占战役总数的 14.9%。而北接内蒙古，使山西既是民族交往和融合的接触地带，也是民族冲突的主要场所，长年受北方少数民族的侵扰，汉蒙等民族双方都将晋北视为军事布防重地，也是战争争夺的焦点。

这样的自然条件和战争环境，使处于这一地区的山西人民对武术极为重视。不仅在战争中形成了尚武的精神和刚毅的性格，而且在战争中练成了高超的实战技术。

## 二、武能安邦

原始的三棱尖状石器

《易经》说："民物相攫，而有武矣"，原始社会为了争夺食物，各部族为了生存，相互间要进行残酷的争斗，没有武术技艺很难取得生存的权利。1959 年在晋南芮城西侯度村发现的西侯度文化遗址中就找到了石核、砍斫器、刮削器和三棱尖状器等工具。由于在原始社会，工兵不分，以器击物为工，以器击敌为兵，工具的出土表明约 180 万年前山西境内的争斗就已经开始。

争斗初期武器主要以石器为主，《越绝书》载："黄帝之时，以玉为兵。"直到蚩尤的出现，专用于战争的兵器才被发明，《世本》："尤作五兵：戈、矛、戟、酋矛、夷矛。"蚩尤非常尚战，精于徒手搏斗。《述异记》说："蚩尤氏耳鬓如剑戟，头有角，与轩辕斗，以角抵人，人不能向。"不遵黄帝之命，与黄帝大战于涿鹿之野。现在山西晋南地区，流传着黄帝与蚩尤大战的传说，

戈

矛

戟

并说解州即为黄帝俘杀蚩尤，分解其身首之地，解州有方圆百里的盐池，盐水鲜红乃是蚩尤鲜血所染。蚩尤失败后，黄帝在涿鹿建都，其与炎帝子孙后裔终成中华民族。

历史的步伐在不停地前进，战争始终伴随左右。作为中华民族主要的活动地域，山西战事不断，晋文公称霸中原，九合诸侯；汉刘邦战匈奴于离石、宁武；李唐晋阳起兵，武夺天下；杨业原平抗辽，精忠报国；战争最终极的手段就是武力。当政治无法解决问题时，武力解决就是必然的过程，因此有“文能兴国，武能安邦”之说。

## 三、民风强悍

山西是中华文明的摇篮，历代兵家必争之地，战争塑造了山西人尚武好勇的性格，却没有磨灭山西人淳朴礼让的民风。

古籍中记载山西人的特质：民性淳朴。据成化《山西通志》卷二载，山西民风淳朴者共52个县，占全部94个州县的55.3%，其中部分记载见表1-1。山西人不仅有质朴的性情，更有尚文崇礼的特点，“礼让文雅”写满了山西古籍史册。同时，山西人还具有尚武好勇的性格特质，查阅各种古籍县志，整理有关山西人性格词目出现的频数和频率可以看出（表1-2），朴直厚道和礼让文雅占到了山西人性格特质的38.5%，而刚强豪放、机智勇敢和喜争好斗占

**延伸阅读**

**戈**：是中国古代的一种特有带柄兵器，可用于勾、啄、割等。它有横刃前锋，垂直装柄，其内刃用于钩割，外刃可以推杵，而前锋用来啄击对方。在古代，戈和干合称“干戈”，是各种兵器的统称。

**矛**：枪的前身，长柄，有刃，用以刺敌。为兵刃中最长之物，矛的基本形制有狭叶、阔叶、长叶、叶刃带系和凹口骹式等。酋矛柄长二丈，是步卒使用的兵器，夷矛柄长二丈四尺（均周尺），是战车上使用的武器。

**戟**：古书中也称“棘”。是将戈和矛结合在一起，具有勾啄和刺击双重功能的格斗兵器，杀伤力比戈和矛都要强。戟在商代即已出现。

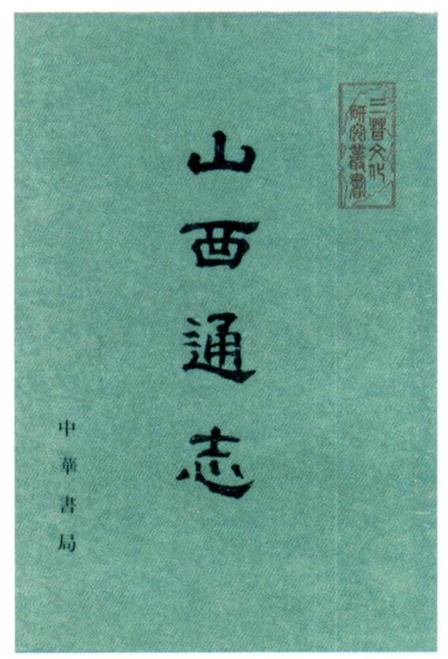


山西通志封面

该书是了解山西的一本重要文献资料。

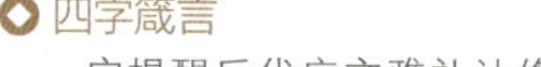
四字箴言
它提醒后代应文雅礼让修身。

绵掌对练
流行于山西民间的传统武术拳种——长拳。

到了 24.7%；山西人民风淳朴而豪放、文雅而好斗的性格特质使深涵民族文化精髓的武术在山西具有悠久的传统。

淳朴而豪放、文雅而好斗的“晋文化”性格特质的形成，与其地处兵家必争之地，交通、环境恶劣，中原文化与北方游牧文化的交流、碰撞、融合有关。在这样的地域性格特质的影响下，山西英才辈出，尤其以凭借高强武艺而名扬史册的人最多，有的遵循“学得文武艺，货卖帝王家”的思想，“以武入仕”，投身军役，建功立业，终成保国为民的历史名将；有的“处江湖之远，未忘忧民”，隐身市井，行侠仗义，也成为忧国忧民的历史名人。

这种性格特质直至现在还能从许多民俗中得到体现，比如威猛刚毅的山西威风锣鼓，场面壮大的黄河派系列舞蹈，至今仍风靡的忻州摔跤、挠羊等，都充分说明了这一点，充分展示了山西人的坚韧、顽强、奔放的阳刚之气。

延伸阅读

**蔺相如**，战国时期赵国上卿，著名政治家、外交家。将相和、渑池会、完璧归赵等事迹表明其足智多谋，胆略超人，雄材善辩，顾全大局。

表 1-1 山西民风淳朴的部分历史记载

| 州 县 | 地 区 特 质 |
|---|---|
| 太 谷 | 俗尚勤俭、慕学力田、淳厚不奢（成化《山西通志》卷二） |
| 文 水 | 民素刚劲、俗尚俭朴、力稼穑，颇尚文学（康熙《文水县志》卷三） |
| 代 县 | 民淳而不华、节俭而不侈、惟务力田，颇尚文学（成化《山西通志》卷二） |
| 平阳府 | 俭啬、甘辛苦、薄滋味，勤于耕织，服劳商贾（成化《山西通志》卷二） |
| 太平县 | 民性质直、俗尚勤俭……民俗淳厚、尚于礼仪（成化《山西通志》卷二） |
| 翼城县 | 勤俭质直、人多力田、人民纯厚、不事奢华（成化《山西通志》卷二） |
| 蒲 州 | 勇敢慷慨、生性质朴、好尚节俭、尤尚商贾（成化《山西通志》卷二） |
| 临晋县 | 民性淳厚、俗尚俭啬（成化《山西通志》卷二） |
| 解 州 | 民性淳朴、尚勤俭、少事商贾（成化《山西通志》卷二） |
| 安邑县 | 民质朴、尚俗俭……颇趋盐利（成化《山西通志》卷二） |
| 绛 州 | 人性刚悍、多勇敢、民性质实、不事奢华（成化《山西通志》卷二） |
| 霍 州 | 民尚质朴、不事骄奢、好儒论简、庶乎礼让之风（成化《山西通志》卷二） |
| 介休县 | 民性淳朴、俗尚俭素、颇好勇义（成化《山西通志》卷二） |
| 临 县 | 人民淳厚和睦、俗尚俭啬、少好文学（成化《山西通志》卷二） |
| 潞安府 | 民多俭质而力家、士尚气节而务学（光绪《山西通志》卷九九，引《明一统志》） |



表 1-2 山西人性格词目出现的频数和频率

| 性格特质 | 朴直厚道 | 礼让文雅 | 勤劳节俭 | 刚强豪放 | 机智勇敢 | 保守恋土 | 迷信少文 | 喜争好斗 | 侈靡鄙啬 | 忧深思远 |
|---|---|---|---|---|---|---|---|---|---|---|
| 频数 | 162 | 105 | 102 | 72 | 54 | 43 | 30 | 27 | 19 | 6 |
| 频率（%） | 21.6 | 16.9 | 16.5 | 11.6 | 8.7 | 6.9 | 4.8 | 4.4 | 3.1 | 1 |

## 四、山西多将

无数山西英杰凭借非凡武艺，南征北战，忠义仁智，威震华夏。

### （1）战国名将

廉颇（前 327—前 243 年），战国时期赵国杰出的军事将领。出身于山西平遥廉庄福安堡的武风世家，祖父辈均是农家百姓。廉颇 16 岁结婚，18 岁充军，他为人禀直豪爽，作战勇猛，身先士卒，屡建战功，到 36 岁时升为将

廉颇

军。赵惠文王初，东方六国以齐最为强盛，齐与秦各为东西方强国。秦国欲东出扩大势力，赵国当其冲要。为扫除障碍，秦王曾多次派兵进攻赵国。廉颇统领赵军屡败秦军，迫使秦改变策略，实行合纵，于惠文王十四年（前285年）在中阳（今山西中阳县西）与赵相会讲和。秦联合韩、燕、魏、赵四国共同讨伐齐国，大败齐军。其中，廉颇于惠文王十六年（前283年）带赵军伐齐，长驱深入齐境，攻取阳晋，扬名诸侯，而赵国也随之跃居六国之首。廉颇班师回朝，拜为上卿（上卿为当时诸侯下面最高的官职，相当于后来的宰相），秦国虎视赵国而不敢贸然进攻，正是慑于廉颇的威力。此后，廉颇率军征战，守必固，攻必取，几乎百战百胜，威震列国。公元前250年，廉颇被封为信平君，官拜相国。“负荆请罪，将相和”的故事表现出廉颇真诚率直的性格、有过必改的勇气和感人奋发的情感。司马迁评价为:“赵之良将也，以勇气闻于诸侯。”司马光评价为：“廉颇一身用与不用，实为赵国存亡所系。此真可以为后代用人殷鉴矣。”

### （2）护汉名臣

卫青（？—前106年），汉武帝时抗击匈奴的名将，河东平阳（今山西临汾西南）人。卫青自元光六年（前129年）拜车骑将军始，曾先后七次率军出击匈奴。元朔元年（前128年）及第二年，卫青连年率兵出击匈奴。元朔二年，率军出云中，迂回至于陇西，捕虏数千，获畜百余万头，驱逐匈奴白羊王、楼烦王，收复河南地（今内蒙古河套地区）。此后，汉帝国于此筑朔方城，置朔方郡（今内蒙古杭锦旗北），并重新修缮秦时所筑边塞，解除了对都城长安的直接威胁。元朔五年（前124年），卫青又率领苏建、李沮、公孙贺

卫青墓



等军，出朔方，击溃匈奴右贤王，俘虏裨王十余人，众男女一万五千余人，牲畜近百万头。武帝拜卫青为大将军，益封八千七百户。元狩四年（前 119 年），卫青出定襄塞外千余里，击溃匈奴，使其精锐丧失殆尽，保障了河西走廊的安全。武帝为酬偿卫青的军功，乃置大司马位，拜卫青为大司马大将军。

霍去病（前 140—前 117 年），卫青之甥，河东平阳（今山西临汾西南）人。西汉名将，前后六次率兵出击匈奴，并获大胜，功绩显赫一时，深得汉武帝宠爱。官至骠骑将军，封冠军侯。他和卫青都出身贫苦，以武报国，建立不朽功绩，17 岁就统兵作战，战无不克，把匈奴追杀出大漠，攻至贝加尔湖以北，占领了今黑龙江以北黑河一带。公元前 117 年，霍去病因病去世，年仅 24 岁。

霍去病

### （3）华夏武圣

关羽（160—219年），本字长生、寿长，后改云长，河东解州（今山西运城）人。他是三国时蜀汉的上将之首，南征北战，忠义仁智，威震华夏。关羽死后声名鹊起，宋代徽宗封关羽为“忠惠公”，再封“崇宁真君”，又封“昭烈武安王”和“义勇武安王”；元代文宗封关羽为“显灵义勇武安英济王”；明代神宗封关羽为“三界伏魔大帝神威远镇天尊关圣帝君”；清代封关羽为“忠义神武灵佑仁勇显威护国保民精诚绥靖翊赞宣德关圣大帝”。至此，关羽集神教、道教和佛教的尊位于一身，称为“武圣”，晋升为中华民族“护国保民”的神祇。清代关羽庙中有这样一副对联，颇能概括关羽在中国封建时代中的历史文化地位和巨大影响：“儒称圣，释称佛，道称天尊，三教尽皈依。式詹庙貌长新，无人不肃然起敬；汉封侯，宋封王，明封大帝，历朝加尊号。矧是神功卓著，真所谓荡乎难名。”

陈寿著《三国志·蜀书》中《关羽传》有其生平主要事迹。

关羽

关羽字云长，本字长生，河东解人也。

建安五年，曹公擒羽以归，拜为偏将军，礼之甚厚。

解白马围，曹公即表封羽为汉寿亭侯。

二十四年，先主为汉中王，拜羽为前将军，假节钺。

是岁，权遣将逆击羽，斩羽及子平于临沮。

追谥羽曰壮缪侯。

讲义气

镖局和盗匪都宣称自己讲义气。

### （4）一门忠烈——杨家将

杨业（约932—986年），本名富贵，又名继业。祖籍陕西，后居太原，遂为太原人。初仕北汉，号称“杨无敌”，后降北宋为云州观察使，知代州。率军抗击契丹，战绩辉煌。

杨家将的故事，在民间流传甚广。凝聚在杨家将传说故事中的前赴后继、忠心报国的伟大精神，是千百年来中国人面对外族侵扰和西方列强欺凌，反抗侵略、保家卫国、追求和平美好希望的一种寄托。为了追求这种希望，杨老令公战死了，杨六郎、杨文广继承遗志继续战斗；男人牺牲了，佘太君、穆桂英等女人继承遗志继续战斗；主人战死了，杨排风等家丁、丫环也要继承遗志继续战斗。在中国历史上，凝聚着这种忠烈家风的事例绝非杨家将一家。仅在山西，还有薛仁贵、薛丁山、樊梨花的薛家将和呼延赞、呼延灼的呼家将等。这些家将的传说和故事，相互辉映，充满了强烈的爱国主义精神，闪耀着璀璨的理想主义光芒。现在杨家将以及薛家将、呼家将已远远走出历史的范畴，而升华为一种不屈不挠的民族精神，鼓舞一代又一代中国人，励精图治，振兴中华。在山西省代县城里，有一座颇有气势的钟鼓楼。在它的正面和背面分别悬挂着“威震三关”、“声闻四达”两块巨大的题

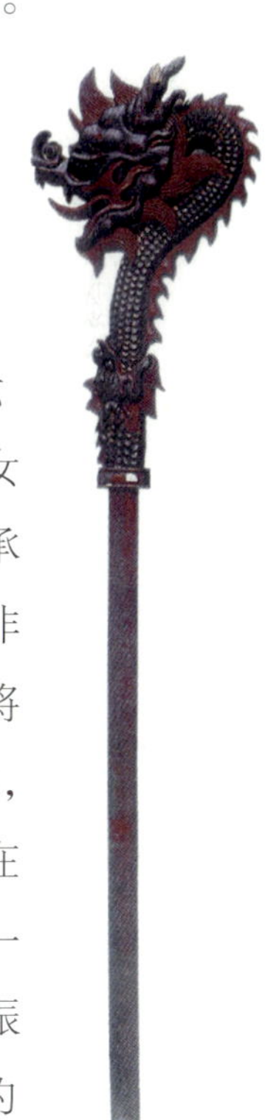

龙头拐杖

匾。杨家祠堂，位于山西省代县县城东 20 公里的鹿蹄涧村，是人们纪念杨家将不朽功勋的一处珍贵遗迹。

佘太君（误称余太君），名赛花，西京大同人，乃后周四镇节度使佘从阮之孙，永安节度使镇府州佘德（户衣）之女。佘太君自幼随父佘德镇守府州，善于骑射，配与北汉名将杨业为妻。佘太君生性敏慧，弓马武艺纯熟，深知兵法，辅佐杨业屡立战功，使其官居云州观察使，号称杨无敌。杨业为国捐躯之后，佘太君又协助长子杨延昭抗辽立功，宋朝皇帝真宗也称赞："延昭父业为前朝名将，延昭治兵护塞，有父风，深可嘉也。"1014 年，杨延昭病逝军中，终年 57 岁，河朔之人多望延昭灵柩痛哭流涕，悲声直上九霄。杨延昭之子杨文广从狄青南征有功，授兴州防御使、知泾州，为定州路副都总管，迁步军都虞侯，卒后赠同州观察使。杨家将从杨业之父杨信到孙杨文广，祖孙四代驰骋疆场，英勇杀敌为国捐躯，堪称"一门忠烈"，佘太君正是杨家将的中流砥柱。虽然正史上对佘太君没有作更多记载，但是佘太君那深通

佘太君

杨公夫妇之墓

兵书、久战沙场、忠心爱国、顾全大局、深明大义的巾帼英雄形象，却深深地印在广大人民脑海之中。她指挥杨家将英勇杀敌的可歌可泣之英雄业绩，已经达到家喻户晓、老幼皆知的程度。后来的人们为了怀念她、歌颂她、学习她、崇拜她，希望她流芳千古，永垂不朽，编演了评书、小说和戏曲剧目等，至今广为流传。

### （5）两榜鼎甲

马全（1731—1773 年），初名马臻，又名马琭，字具堂，号纯斋，阳曲（今山西太原）人。清乾隆二十五年（1760 年）庚辰科武进士第一人。乾隆十二年，马琭考中鼎甲第三名“武探花”。被授予二等侍卫衔，正四品。乾隆十七年，因犯错被革职。乾隆二十四年，改名马全，参考武举，钦点他为武状元，赏赐盔甲、腰刀、顶戴等，授予头等侍卫，正三品官衔，后官至江南提督（从一品）。乾隆三十四年，马全出任提督江南总兵。乾隆三十八年，马全入京觐见，请求入川平息大小金川叛乱，为国尽忠，替父报仇。乾隆帝加封马全为领队大臣，特赐元狐马褂一件，命他立即赴川作战。后兵败力战而死，当时马全年仅 42 岁。乾隆帝赐马全谥号“壮节”。马全以身殉职，战死之后，乾隆皇帝痛心疾首地说：“提督马全乃为国家出力有用之人，今力战死事，实堪轸惜！”并下令为他绘肖像画，挂在紫光阁内，并亲自撰写御制诗赞誉马全。诗曰：“挟翼虽英，御须造父。设非其人，良才徒苦。陷木果木，将军愤辕。殿后捐躯，愧惜难言。”

古代武将的盔甲

## 五、高手云集

山西民间武林高手众多，走南闯北，称雄江湖，威震绿林。至清代时，大多数山西武林高手均有从事镖局生意经历，一些没有从事镖局生意的武林高手也和镖局有着很深的关系，如姬际可所创立的“心意六合拳”即是戴龙邦（也有称戴隆邦）、车毅斋等镖师的走镖本领；而傅山则传说是镖局产生的鼻祖。下文所述的就是这些山西武林英豪。从事过镖局生意的武林高手后文再叙。

姬际可

### （1）心意宗师

姬际可（1602—1683年），字龙峰，山西蒲州（今山西永济市）人，武术家。自幼习文练武，技勇绝伦，尤精大枪术。他“飞马点椽子”，能举枪不漏，人称“神枪”。为了适应徒手自卫的需要，以枪理为拳理，揣摩动物争斗之技，苦研十年，以六合为法，五行、十行为拳，以心之发动意，意之所为拳，创编成“心意六合拳”。据说艺成后曾访嵩山少林寺（一说姬访

心意拳法

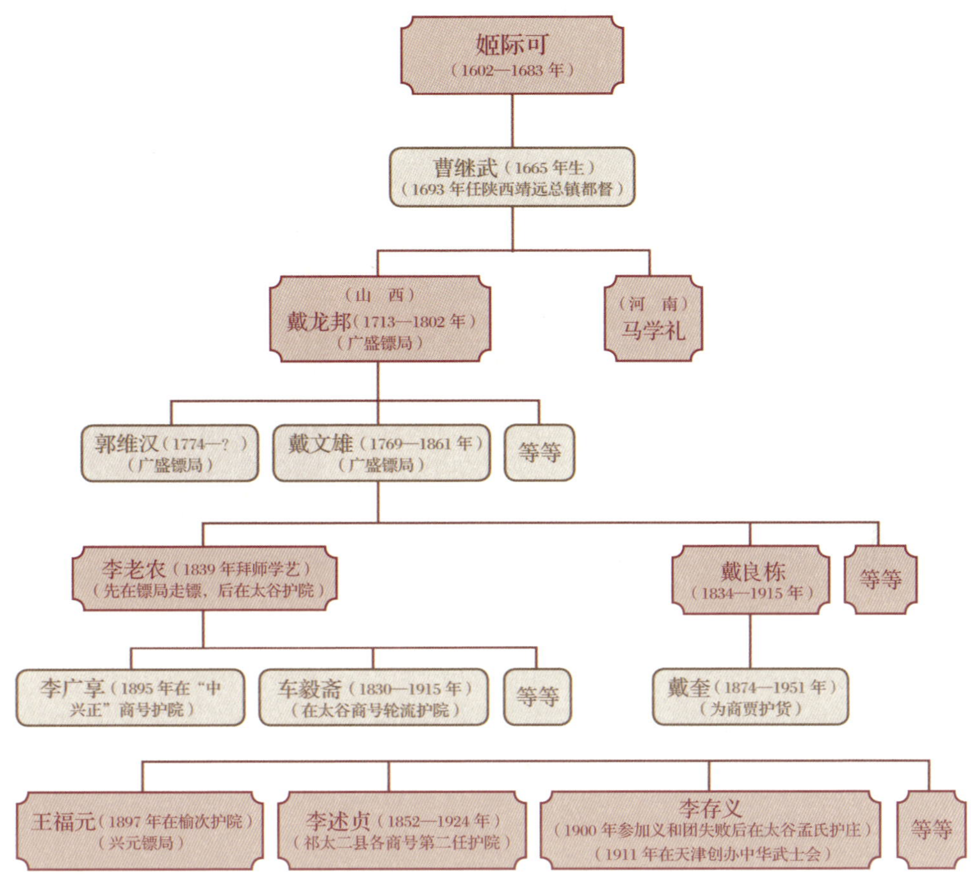


清代山西心意六合拳传承中与镖局产生互动的脉络图

注：根据郭瑾刚所著《戴氏心意拳》（山西科学技术出版社，2003）、吴殿科所著《形意拳术大全》（山西人民出版社，2000）和山西六合心意拳概述（www.liuhexinyi.com）整理而成。

少林寺后，始参照少林五拳着手创拳），并且传艺河南、安徽。十年后归故里，教授子孙。老年破流寇于村西，手歼渠魁，号称“神枪”，誉耀乡里。姬际可所创立的“心意六合拳”及其后由其传承、演化和发展而成的形意拳、心意拳、戴式心意拳等在清代多与镖局产生互动，成为清镖局的重要武技之一。

### （2）太极大师

王宗岳，清乾隆年间山西人，太极名家。王宗岳少年时喜读经史及“黄帝、老子之书及兵家言”，“兼通击刺之术，枪法尤其精者也”。晚年，曾在河南洛阳、开封设馆教书、授拳。平素酷爱武术，精通拳法、枪法，悉心研究拳术理论及技艺数十载，且有精辟见解。

王宗岳所著《太极拳论》，为“太极拳”奠定了名称，是我国现存的太极拳古典理论著作中最早的，也是评价最高的论著。《太极拳论》突破了明清武术论著以兵家论武技的惯例，而从中国传统哲学的“太极”角度以立论，解释了太极拳的拳理、拳法，阐述了太极拳的修炼之法、攻防之道。在其理论中既有太极阴阳八卦的说法，又吸取了五行学说，以八卦合五行而组成十三势。《太极拳论》融合了道家“有生于无”的思想，是对中国传统哲学的浓缩，所以太极拳又被称为“哲拳”。

《太极拳论》

在《太极拳论》中所述的“无过不及，随曲就伸”指出了习练太极拳要姿势正确，动作适度，劲路恰当，不论走架、推手，动作和劲力都不可过分和不及；“由着熟而渐悟懂劲，由懂劲而阶及神明”，对练功规律做了深刻的揭示，大凡武术训练，其初级阶段，一般都是要求熟习着法，谨守规矩，而达到高级阶段，就能随机应变，形成条件反射，不拘守于一招一式，达到“神明”的阶段；“一羽不能加，蝇虫不能落”，以文学的手法描述了本体感觉的敏锐程度，既是对习练者的要求，也是对功夫追求的至高境界；“人不知我，我独知人，英雄所向无敌，盖皆由此而及也”，将兵法“知己知彼，百战不殆”引入技击当中，使对手“摸得着，看得见，打不着”，强调了感知能力和量敌精确的重要意义。如此高深的论著对太极拳的走架、推手和散手都有着重要的指导意义，被后世太极拳家们奉

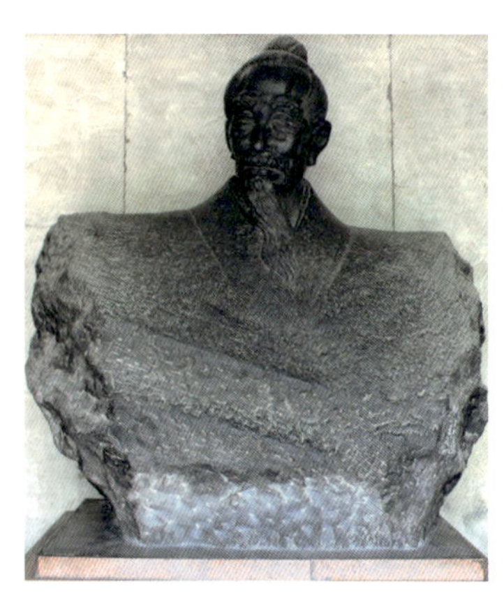
傅山

为经典，为太极拳的发展奠定了理论基础。

### （3）朱衣道人

傅山（1607—1684 年），字青主，山西太原人，别号桥黄、朱衣道人等。清代儒家名流，也是一名武功高深的武林高手。

傅山出生于一个文武兼备的官宦之家，一生经历了明代的万历、泰昌、天启、崇祯及清代的顺治、康熙朝，这个时期，中国政治、经济和思想发生了重大变化，傅山亲历了明王朝的覆灭和清王朝的民族压迫，怀抱着社会改革的雄心壮志，穷其一生反清复明。曾组织、参与和支持多次反清运动。明亡后，他出家为道，拜山西寿阳县五峰山龙池道观还阳真人郭静中为师，然后踏遍山西全境、远涉中国西南以求反清。他提出了“市井贱夫可以平治天下”的政治主张。

傅山知识渊博，思想观点精辟。在经史子集、文学诗词、佛经道藏、书法绘画、医学医术、武功气功等领域均造诣甚高。人们以“来历奇、行事奇、诗文书画奇”评价他。

傅山武功臻绝，剑拳尤精，内功深厚。其遗作《霜红龛集》中多次谈武论功。傅山精于剑术，可从其诗作中窥得，《雄剑》说“雄剑不自柄，观人舞蒯缑，劈击昧虚实，焉得豁所谋”（我没有佩剑出门，观看了别人练剑，不知道劈击中的虚实，如何知道敌手的谋略。“蒯缑”是剑的代称），《青羊庵》中说“剑术惜其疏”均能印证；傅山精于拳术，有“傅拳”（又名子午太极拳）传世可印证。民间也多有傅山武艺高强的传说，“傅山飞笔点太原”就是其中一个著名的传说：相传当时太原城门上，原有“太原城”三字，因年久脱落，“太”字少了一点成了“大”字，有人准备搭架修补，傅山知道后，把弓箭头裹上棉花，蘸了黑墨，弯弓射去，不偏不倚，恰到好处，在“大”字之下补了一点，成了“太”字，足见傅山箭法之神。

傅山之子傅眉也精于武功，“能骑射，善长枪”（《半可集》卷一，《高士傅寿毛行状》）。

锏

## 第二节　任侠尚义　守信重诺

镖局的经营程序是：商家找到镖局，请镖局护送一笔金银到某地（少则十多万两，多则四五十万两甚至上百万两），双方谈好镖礼（酬金），签下镖单，然后镖局起镖押运，商家有时会派一个账房跟随（多数时不派），历时十几天到几十天，到达目的地，交割镖单，验货，然后领到镖礼，一趟生意结束。

关键词：侠义文化　为国为民　重义轻利

有人说高风险换来高收益，镖师如此危险与艰辛，必然会换来很高的收益，并用“百两银中一两路耗”来形容镖师所获颇多，武侠小说中也尽展镖局之气派、镖师之富庶，而事实却并不是这样的，“保镖的人，每个月也就挣四五两银子，头儿们也多不了多少，七两二钱银子，那就是最多的了”（李尧臣，《保镖生活》）。用生命进行的走镖不过收获区区几两的“镖礼（酬金）”。

其实在那个动荡、不发达的年代里，镖师们只要动一点邪念，将由其护运的数以万计的白花花的银两转移，然后“人间蒸发”，就可以有一生都享受不尽的荣华富贵。而商家将几乎是身家性命的银两交于外人并远离自己，似乎并不担心镖师贪财。难道是商家“糊涂”，还是镖师“愚笨”呢？非也！

镖局和商家是建立在一种“信义”下的契约关系。这种契约不是用制度来保障的，只是在一种“言必信，行必果，已诺必诚”的一种“侠义文化”下的约定。商家将大量的钱财（甚至是身家性命）交给镖局，是因为他们相信镖局会遵守约定，完成使命；镖局接过商家的镖，也将自己视为比生命更重要的名誉交到镖里，然后用生命来保护它。

镖局之所以能够运营，实际上是因为商家和镖局共同相信“侠义”文化。侠义文化是中国民间将“儒家”、“道家”和“禅家”

思想相结合的伦理文化，是民间用以规范人际关系的道德标准，是一种“情义伦理”，广泛流传于平民阶层中。从某种层面上看，中国四大传统文化应归为“侠义”、“儒”、“道”、“禅”。这种属于平民阶层的俗文化，正是镖局运营的前提，可以说是镖局之魂。

自“春秋”时期开始，侠义文化就在山西土壤中生根、发芽、成长，到清代时，侠义文化的代表人物“山西关云长”更是成为中华民族的武圣。山西商人身上所具有的“死生相托、患难相扶”的做人原则，“重义轻利、舍生取义”的高尚情操，“义中见利、诚实守信”的经营理念，无不体现着“侠义”文化。山西人也被评价为“任侠尚义，守信重诺”。

忠义仁勇
——尚义重诺的表现形式之一。

## 一、士为知己者死

侠义文化在中国源远流长，其起源于春秋、战国时期。侠是从“士”中分化出来，“古代文武兼包之士，至是分歧为二，惮用文者归儒，好用力者为侠，所业既专，则文者益文，武者益武，各作极端发展耳”（顾颉刚）。由于侠多出身于平民阶层，和同属平民阶层的墨家学派渊源很深，受墨家“万事莫贵于义”的崇义思想影响极大，逐渐形成了“士为知己者死”的极为朴素的“义”，体现了尚群体友爱、重人情友谊的伦理观念和追求人格平等的价值取向。至此，侠以“义”为理念，以“武”为手段，周游列国，四处漂泊，以武行义。其中，最为著名的侠义之士有晋国的豫让，吴国的专诸，齐国的聂政，卫国的荆轲等。司马迁特在《史记》中作《游侠列传》和《刺客列传》以彰其人其德。

豫让

山西简称为晋，又称三晋，来源于公元前375年，韩、赵、魏三家分晋的故事。晋国内战期间智襄子被赵襄子所杀，智襄子的知己豫让发誓要为其报仇。他改名换姓，混入赵宫中为太监，寻机行刺，未遂，赵襄子叹其为“义士”而释放他，豫让仍矢志复仇，他漆身若癞，吞炭为哑，灭须去眉，行乞于市，埋伏在赵襄子外出经过的桥下，再次行刺，又被赵襄子所获，豫让要求赵襄子成全自己“死名之义”，赵襄子答应了，于是他拔剑猛击赵襄子的衣服，仰天大呼“吾可以下报智伯矣”，然后伏剑自杀。“赵国之士闻之，皆为涕泣。”

钺

古代兵器的一种，通长19.3厘米。

## 二、其言必信，其行必果，已诺必诚

侠义进入汉代后在社会上的影响力越来越大，权贵养士之风大盛，“招延四方豪杰，自山以东游说之士，莫不毕至”，而且权贵自己也以任侠为荣，汉成帝时将军灌夫是个“不喜文学，好任侠，已然诺，诸所于交通，无非豪杰大滑”。在这样的社会环境下，民间侠士得到迅速发展，“侠者极众，而无足数者”（《汉书·游侠传》）。在西汉王朝的统治中心“长安炽热，街闾各有豪侠……北道姚氏，西道诸杜，南道仇景，东道赵他羽”，可见侠士之势盛。

由于政治权贵为了政治需要而有意识地介入并加以影响，侠士势力急剧膨胀，并出现分化，一部分行侠仗义，施恩不图报，另一部分则开始结党连群，侵凌孤弱。司马迁将汉代侠士分为“匹夫之侠、闾巷之侠和乡曲之侠”，并指出虽都源于“古布衣之侠”，但本质已趋向各异，匹夫之侠、闾巷之侠有战国游侠遗风，而乡曲之侠乃“游侠之丑也”。

两汉是中国侠义文化发展中最重要的时期，侠士在经历了与政治权贵的短暂交结后，终被皇权打击，日趋衰微，重回布衣，再入江湖。侠士虽已式微，但曾经可以影响政治时局的经历，却为侠士增加社会责任感。同时，在这样的

忠义之神——关羽

经历中形成了一系列独特的价值观念和伦理准则——侠义文化。《史记·游侠列传》阐述了侠客的五大特征。其一，“修行砥名，声施于天下，莫不称贤”；其二，“虽时扞当世之文罔，然其私义廉洁退让，有足称者。名不虚立，士不虚附”；其三，“其言必信，其行必果，已诺必诚，不爱其躯”；其四，“豪暴侵凌孤弱，恣欲自快，游侠亦丑之”；其五，“不伐其能，歆其德，诸所尝施，唯恐见之”。解释其言就是说，侠义就是品德高尚，重然诺，不贪财，急人所难，施恩不图报，扶危济困，快意恩仇等。这些基本上就是后世侠义文化的主要理念。

在侠义文化发展的重要时期，又一个山西人出现了，他事迹中的侠义之举受到了广泛的赞扬。一个“对国以忠、待人以仁、处事以智、交友以义、作战以勇”的侠义形象让他受到了万世敬仰，和孔子并称为中国文武二圣，他就是关羽关云长。关羽千里走单骑的故事正是表达其对刘备忠诚的品质，而民间演义的华容道义释曹操表现了关羽知恩图报、义重如山的侠义精神。

## 三、锄奸去恶，打抱不平

至唐宋时，侠的概念进一步扩大，游侠蔚然成风，纨绔子弟斗剑走马、佩剑任侠，诗人骚客书剑飘零、仗剑远游。上层社会开始推崇武侠的伦理观念和行为规范。著名诗人李白就

**延伸阅读**

**华容道义释曹操**：“诸葛亮智算华容，关云长义释曹操”的故事脍炙人口，小说写赤壁战前，诸葛亮算定曹操必败走华容，且夜观天象，曹操不当身亡，考虑到曹操与关羽有恩，于是派关云长把守华容道，留个人情与关羽做。小说又写曹操果然由乌林向华容道败退，并在途中三次大笑诸葛亮、周瑜智谋不足，未在险要处暗设伏兵。然而，一笑笑出赵子龙，多亏徐晃、张郃二人双敌赵云，才使曹操得以逃脱；二笑笑出张翼德，又是张辽、徐晃二将抵挡张飞，使曹操再次脱险；三笑非同小可，笑出了关云长，且又在有一夫当关之险的华容狭路上，加之曹军几经打击，此时已无力再战，无奈，曹操只得亲自哀求关羽放行，关羽念旧日恩情，义释曹操，使曹操得以回到江陵。

◆急公好义

人们书刻此匾，以表明自己对侠义文化的尊崇。

是一个游侠，他“十五好剑术，遍干诸侯”，曾“少任侠，手刃数人”。由于原属于平民阶层的侠义文化进入上层社会，使“儒文化”和“侠文化”相互影响、融化和改造。侠对自由意志和人格独立的追求使儒生平增了几分重交尚义、轻生赈急的侠风；而儒“先天下之忧而忧，后天下之乐而乐”的忧国忧民思想使侠有了更多的使命感。侠义所具有伦理准则和行为规范逐渐成形，其最高的精神即为“忠义观”：对国家忠、对民族忠、对朋友忠；对人民义、对朋友义。

侠作为平民阶层的文化，广泛地存在于大众社会之中，侠义精神的忠义观使侠士产生了“为国为民”的文化自觉，将民间社会公道、正义的捍卫扛在了自己肩上。但社会依然是上层社会所控制的，侠士的卫道之路为统治阶级所不容，为实现自己的理想，侠士只能或隐忍于江湖，或啸聚于绿林。

江湖之侠或隐于朝野，或隐于市井，平日

**延伸阅读**

**关羽千里走单骑**：建安五年（200年）正月，刘备兵败，曹操攻陷下邳，迫降了关羽。曹操赞赏关羽为人，拜其为偏将军，礼遇甚厚。然而关羽身在曹营，心却忧君，“吾极知曹公待我厚，然吾受刘将军厚恩，誓以共死，不可背之。吾终不留，吾要当立效以报曹公乃去”。建安五年二月，官渡之战爆发，关羽在万众之中刺死颜良，斩其首级而归，袁绍诸将“莫能当者”。曹操倍赞关羽的勇武，对他重加赏赐，封他为汉寿亭侯。然而关羽不为所动，把曹操屡次给他的赏赐都封存妥当，写了封告辞信，保护着刘备的家小，离开曹营，到袁绍军中寻找刘备。曹操将士闻后，要去追赶，曹操劝阻说：“彼各为其主，勿追也。”（《三国志·蜀书六·关羽传》）

与常人无异，一旦遇到不平之事，出手即矫若神龙，事过之后，立即飘然远去，隐身藏形，其充满了神秘色彩的行侠之举常使为富不仁、侵凌孤弱之辈心存顾虑、心惊胆战；绿林之侠则是聚众结义，啸聚山林，打家劫舍，杀富济贫，其朴素的“替天行道”的义举使侠义精神升华到了“为国为民”的境界。

## 四、重义轻利

明清时期，侠义文化得到阐扬和升华，行侠仗义、打抱不平的侠风提高到了为民除害、为百姓造福的境界，更表现为尊崇民族大义、维护民族利益。如清代山西人傅山，以“兴亡著意拚”的决心，全力以赴反清复明，曾组织

护国扶商

晋商在自己具备一定能力后便以天下为己任，重义轻利，为国为民服务。

晋东民众进行反清，声援山东榆园军反清，支持交城农民义军反清，参与宋谦在河南的起义活动，失败后不改其志，远赴江南，寻求反清。（武侠小说家梁羽生的小说《七剑下天山》就是以这段史实为依据描写的傅山江南行）

明清时期的侠士最大的特点是其不再是只“以武行侠”为生的特殊群体了，侠士或商或农，早已经是寻常百姓，但侠义之风不减，侠义之气不坠。以“为国争光、维护民族大义”为主要内涵的侠义文化所表现出的崇高的人格精神，

**延伸阅读**

**介子推**，又作介之推，春秋时晋国之义士，神州大地上颇具影响的悲剧人物。山西介休（介子推休眠之地）绵山的更名和禁烟火吃冷饭的“寒食节”的形成便与其有关。

大义参天

民间对侠义精神的尊崇到处可见。

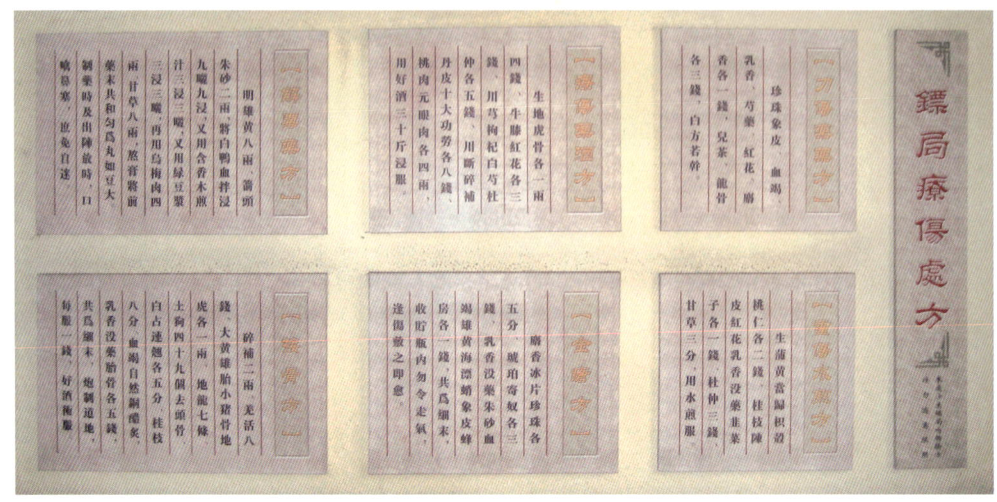

镖局疗伤处方

已臻成熟完美的境界，侠义精神所涵括的内容已经成为中华民族广大人民意识深处的最高伦理和行为标准。中华传统文化中最深厚、最“俗”的侠义文化已经沉淀为中华民族集体潜意识的一部分了。如明代时倭寇猖獗，为患沿海，侠士们纷纷投入抗倭斗争中。“明嘉靖三十三年（1554 年），山陕盐商为抗击日本海盗入侵，曾选善射骁勇者 500 名商兵防守扬州。隆庆元年（1567 年），江苏松江倭寇压境，山陕诸商骁勇者曾“协力御之”。清初，在苏州的山陕客商有善射者二三十人。明代泽州人工珂，“服贾远出，一日抵大江，夜，邻被劫，珂奋身往救，盗惊散”（张正明，《晋商与经营文化》）。

镖师就是侠义文化在清代最重要的代表之一，正是侠义文化中伦理道德标准的约束，才能实现千里走镖。而镖师在走镖中常常成为除奸去恶、打抱不平的英雄。

# 第二章

# 武镖护商　义不容辞

以长途贩运和转售贸易为经营特点，“货币—商品—货币”为经营方式的晋商，“致富皆在千里或万里之外”（葛贤慧，《明清山西商人研究》）。他们在经营中非常依赖现银的转运和货物的长途运输，但清代尚处于商品经济的萌芽阶段，社会基础设施很不完备，商路漫长而艰险，盗匪强悍并猖獗，这成为影响其运输安全的首要问题。

清政府重农抑商的政策使其不会专门成立为商业运输提供安全保障的部门，民间具有侠义风范且武艺高强的武术家便成为护商义不容辞的对象，而这也与行侠仗义之士实现人生理想的手段相吻合。于是有“镖局之创生，因商旅运输之需要而兴，此与都市之发达，水陆行旅之频繁，商货及资金之流通有密切关系。更具体集中之需要，即是水陆道上行旅安全保障问题。此即镖局应命之生机背景”（王尔敏，《从社会生态看清代民间镖局》）。

# 第一节 商途漫漫 盗匪猖獗

清康熙二十年(1681 年)，在清政府平定三藩后，商品经济得到迅速发展。此时历经明代 200 多年锤炼的晋商无论是经营经验，还是商业资本的积累，都已经成熟起来，进入了发展高潮，称雄国内市场。晋商主要从事长途贩运和转售贸易，北越长城、南至福建，到处都有他们的身影，在那个道路交通极不发达的时代，漫漫长路的贩运之中，晋商人遇到的困难可想而知。

关键词：长途贩运 茶叶之路 路途艰险 盗匪猖獗

## 一、商业大发展

明代时，商品经济已经开始发展，商业资本活跃，商品流通范围日益扩大，社会商业经营中出现了晋商、徽商、粤商、闽商、江右商、吴越商等许多商帮。商品经济已从封闭的地区性市场走向国内统一市场。宋应星在《天工开

古代集市街——平遥古街道

物》中夸张地说“滇南车马，纵贯辽阳，岭徽宦商，衡游蓟北”；明人李鼎则说：“燕赵、秦晋、齐梁、江淮之货，日夜商贩而南，蛮海、闽广、豫章、南楚、瓯越、新安之货，日夜商贩而北。”

晋商长途贩运

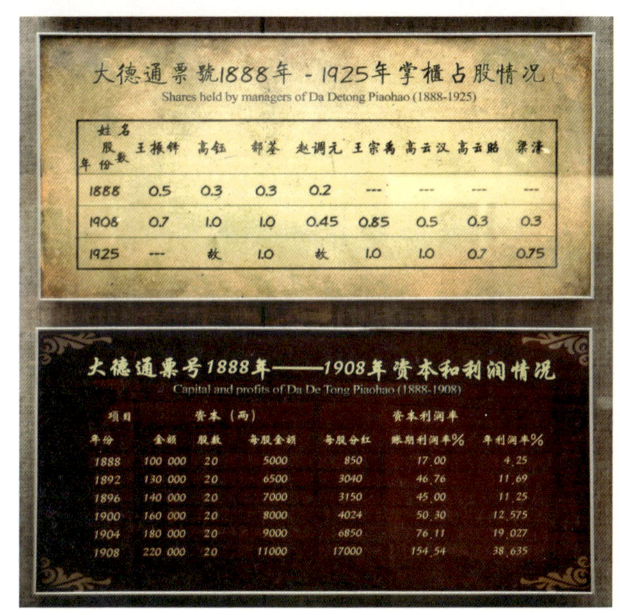

大德通票號1888年－1925年掌櫃占股情况
Shares held by managers of Da Detong Piaohao (1888-1925)

| 年份 \ 股数 \ 姓名 | 王振鉌 | 高钰 | 郝荃 | 赵调元 | 王宗禹 | 高云汉 | 高云贻 | 梁濬 |
|---|---|---|---|---|---|---|---|---|
| 1888 | 0.5 | 0.3 | 0.3 | 0.2 | --- | --- | --- | --- |
| 1908 | 0.7 | 1.0 | 1.0 | 0.45 | 0.85 | 0.5 | 0.3 | 0.3 |
| 1925 | --- | 故 | 1.0 | 故 | 1.0 | 1.0 | 0.7 | 0.75 |

大德通票号1888年——1908年资本和利润情况
Capital and profits of Da De Tong Piaohao (1888-1908)

| 项目 | 资本（两） | | | | 资本利润率 | |
|---|---|---|---|---|---|---|
| 年份 | 金额 | 股数 | 每股金额 | 每股分红 | 账期利润率% | 年利润率% |
| 1888 | 100 000 | 20 | 5000 | 850 | 17.00 | 4.25 |
| 1892 | 130 000 | 20 | 6500 | 3040 | 46.76 | 11.69 |
| 1896 | 140 000 | 20 | 7000 | 3150 | 45.00 | 11.25 |
| 1900 | 160 000 | 20 | 8000 | 4024 | 50.30 | 12.575 |
| 1904 | 180 000 | 20 | 9000 | 6850 | 76.11 | 19.027 |
| 1908 | 220 000 | 20 | 11000 | 17000 | 154.54 | 38.635 |

晋商大德通票号 1888—1908 年掌柜占股及资本和利润情况

随着社会发展，明代农民与地主阶级之间的阶级矛盾空前激化，天启七年（1627 年）陕西王二起义，一场长达 31 年的战争开始了。农民起义军先和明政府，后又与清政府（1644 年后）在黄河南北、长江上下游十几个省的广阔土地上展开了一场空前的战争，经过渑池之战、洛阳之战、襄阳之战、成都之战和山海关之战，直至清顺治十五年（1658 年），以农民军的失败结束。但战争的创伤尚未平复，时隔十余年后，康熙十二年（1673 年），平西王吴三桂因清政府下令撤藩而联合平南王世子尚之信、靖南王耿精忠及广西将军孙延龄、陕西提督王辅臣等起兵反清，战乱波及桂、川、湘、闽、粤、赣、陕、甘等诸省，直至康熙二十年（1681 年），历时 8 年，以吴三桂失败结束。近半个世纪的战争使明末清初的商业发展趋缓。

黑皮、黄皮马褡子

三藩平定之后，清进入了一个长期稳定的发展阶段，政府实行了大力发展经济的正确国策，因战争而停滞的商业得到了迅速发展，商品经济出现井喷之势，各地商人愈加活跃，常常远离家乡，到各城镇去经商或开设店铺。全国出现了区域性大市场，号称“天下四聚”，即“北则京师、南则佛山、东则苏州、西则汉口”（刘献廷，《广阳杂记》）。这个市场具有大宗商品大范围流通的特征。而大宗商品大范围流通需要更多的货物贩运和资金的流动，尤其是资本的流通，是商品经营中的第一要素。

在清代票号产生以前，资本流通中几乎全部是金属货币的流通，“国人的银钱转移，小量可以自行揣带，稍多的话，比如说可兑十两银子的铜钱（约一万枚），或一千两的银锭，就得车载马驮。金属货币，实在太重了，难怪过去各省举人进京参加进士考试，揣带的盘缠要是超过二百两银子，就没办法放在衣袋或塞入腰带里，需由书童或仆人挑担，才能从容进京”（王尔敏，《明清社会文化生态》）。仅仅二百两银子就需要用人挑担，而商人经商资本远大于百两、千两。大量的货物和货币往来穿梭于千里之遥的城市之间，沿途中的盗贼、悍匪岂能不垂涎三尺，商人往往失财丢命。虽然人逐利的本性使他们冒再大的风险也要去经商，但路途的安全问题也成了影响商业发展的重要因素之一，也成了各商帮迫切需要解决的难题之一。这其中以长途贩运为主的晋商最为迫切。

## 二、设施不完善

有人会提出这样的疑虑，清政府实行了发展经济的国策，却不能保障商旅运输的安全问题吗？清代商品流通的数量和规模有了很大发展，政府为其提供了较为完善的基础设施，主要体现在交通、交易和安保三方面，基本覆盖了商业经营中的主要环节。

交通方面主要包括桥路、河道海塘等，由于人们越来越认识到交通的重要性，生产、生活对水陆交通的依赖性日益增强，桥梁、道路、航路成为社会经济、生活正常运行的重要条件。清政府非常重视把修治桥梁道路作为地方官的一项重要职责，顺治元年规定，凡直省桥梁道路，令地方各官以时修理，若桥梁不坚完，道路不平坦，及水陆津要之处应置桥梁而不置者，皆交部分别议处；雍正七年（1729 年）谕“平治道路，王道所先”，更是直接指出修桥铺路是王道；官修地方志中，也把“桥路”、“桥渡”列为专门条目；此外，政府要求地方官员每年于农隙时，劝谕民间修治桥路。影响到运输的河道治理则同样极为重视，从中央到地方设有专职河官，河官与水利官分工明确，河官有专责，规定不许委派别项差事，地方官对河工也负有责任，河官属下有河兵河夫，规定每年治河夫役名额应有保证，政府财政中拨有专项治河经费，每年用于河道岁修抢修与新建工程，兴大工还另外增拨费用。

清政府采取动用官帑、民间捐输的方式进行维护、拓展旧道路，开修新道路、新航路，整治河道、海塘等来促进交通发达，并投入了大量的财力物力，本文略举一些史料予以论证。康熙三十二年（1693 年），为修整西山至京城的运煤道路，命“将于公寺前山岭修平……著户工二部差官，将所需钱粮，确算具题”（光绪《大清会典事例》卷九五一《薪炭》）；乾隆初，为解

晋商驼队行走在沙漠中

部分晋商长途贩运所要经过的恶劣环境。

决滇铜京运问题，决定开凿云南东北至四川泸州一段的金沙江水路，工程险巨，历时数年，“计程 1300 余里，费帑 10 余万”。水路开通不仅解决了官府运铜、运兵米问题，也沟通了沿线商运，“商船往来”（《清史稿》卷三〇七，《张允随传》），成为民间贸易往来要道；据《大清会典事例》所记，河南、直隶、山东、江苏几省有数可查的河工额定经费，雍正时约 74 万余两，乾隆时约 97 万余两，嘉庆时约 242 万余两，道光时约 422 万余两（光绪《大清会典事例》卷九〇四至九〇七《河工》）。

交易方面主要包括集市、货栈、铺房、旅店等。其中，城镇市场多为政府设置，集市则以政府设置为主、民间捐设为辅，也有民间自行设立或个人捐资购地设立的“义集”，政府对其进行管理并征收商品交易税。货栈、铺房、旅店则主要是民间经营行为，基本处于自由经营状态。

安保方面主要包括巡船、巡役等。地方政府设置巡船、巡役来保护往来行旅的安全，雍正十年，清政府命各省在“江河中流要处，一例设立巡船，官兵往来游巡……遇有盗案，照海洋行船被劫例议处”（《钦定大清会典事例》卷六三二，《兵部·绿营处分例》）；乾隆时，江西“赣河一带塘汛亦已设有巡船，为卫护商船”（陈宏谋，《禁乘危抢货檄》乾隆七年八月，见《培远堂偶存稿》卷一四《文檄》）；嘉庆四年，浙江订立“酌拟兵船乘便护送商船，以免盗劫”的章程。

钦定大清会典事例

从上述可以看出，清政府对商业经营还是进行了较为完善的设施投入，以保证商业经营的有序，但在基础设施建设中也存在着诸多问题。首先，基础设施投入的目的主要是为巩固统治、维护社会稳定，并非应商业之所急，只是事实上起到了为商品流通服务的作用，故导致商人不能从中获得较大收益。其次，虽然设施建设投入了大量财力，但桥路、河道海塘等方面占据了大多数的资金，而我国疆域辽阔、地势险峻，路桥的修建也只是在大城市及其周边而已，尚不能四通八达。第三，除集市因收税而管理之外，其余货栈、铺房、旅店等基本处于自由经营状态，不利于长途运输的商旅，尤其是住宿安全问题较突出。第四，巡船、巡役等设施实际上只是在关卡、要道、河流中承担一定安全责任的“警察”，和位于城镇、集市的巡捕的不同之处只是地理位置的不同，是任何统治阶级都会实行的、必要的社会治安措施，对事故多发的支流等水域几乎无暇顾及。第五，巡船、巡役都有固定的守卫区域，当商旅进入该区域时才可能被保卫，未进入巡视区域或未发现商旅时，商旅基本处于自生自灭之中。第六，河道中还有巡船、巡役，至少可以对盗匪具有威慑作用，更加复杂的陆路环境中却几乎见不到安保设施，捕快、巡防营主要是在商旅安全问题已经发生之后，才会出动绥靖地方，对商旅安全无任何作用。

虽然清政府在基础设施上进行了大量的投入，但整体目标是把社会安定放在首位，虽也有为商贾服务的目的，却只占极其次要的地位，导致数以千、万计的笨重的金属货币要在多个城镇间流通、运转中的安全保障问题没有得到根本解决。

## 三、商路多艰险

清代商业具有大宗商品大范围流通的特征，商人多以长途贩运来获利，其中以晋商为最。其时，国内主要有十条商路，一是乌鲁木齐—归化（今呼和浩特）—张家口—北京—吉林—卜魁（今齐齐哈尔市），是华北商人往返新疆地区和黑龙江流域的陆路贸易之路；二是广州—杭州—北京—恰克图，这是一条纵贯南北的水陆交替的商业运输线；三是梧州—广州—衡阳—汉口—开封—北京，这是一条纵贯中国腹地的南北向水陆交替的商业交通干线；四是广东—广西—云贵，这是一条以珠江水系为纽带的水上交通干线；五是雷波—宜宾—重庆—汉口—上海，这是以长江主干流为渠道的商业交通线；六是乌鲁木齐—兰州—汉中—重庆—长江，是西北通往内地的又一条商业交通干线；七是玉树—成都—宜宾，这是一条从青海进入四川，并达于长江航道的商业交通线；八是西藏—云贵—湘赣—皖浙，这是一条与长江水上航线大体平行的略见曲折的横贯东西的商业交通线；九是西藏—甘肃—宁夏—内蒙古，这是一条从西藏经青海、甘肃到内蒙古的商业交通线；十是内蒙古—山

清代晋商商贸活动扩展区域类型划分示意图

从此图可知晋商长途贩运范围之广是其他商人无法超越的。

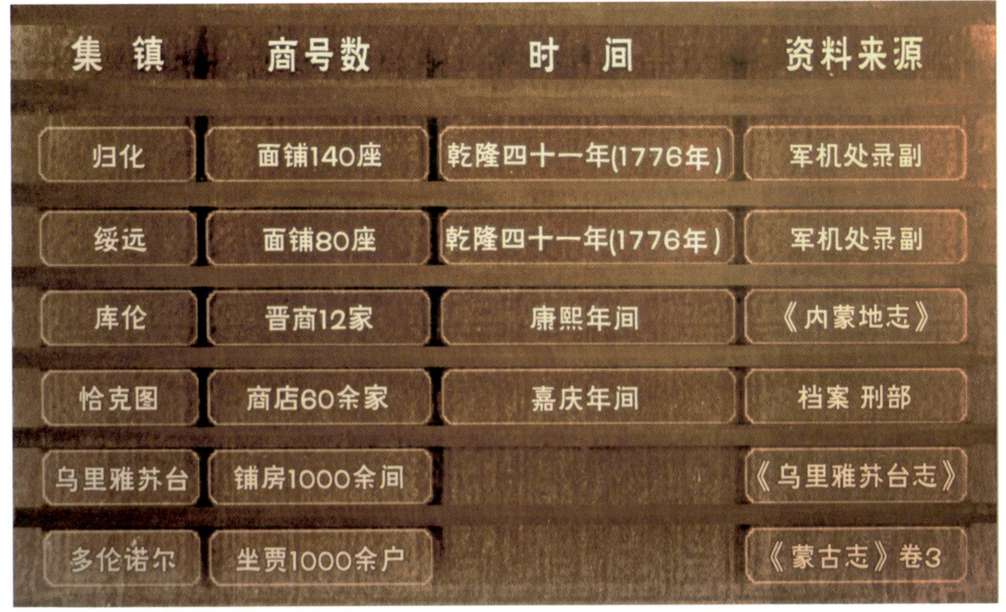

| 集 镇 | 商号数 | 时 间 | 资料来源 |
|---|---|---|---|
| 归化 | 面铺140座 | 乾隆四十一年(1776年) | 军机处录副 |
| 绥远 | 面铺80座 | 乾隆四十一年(1776年) | 军机处录副 |
| 库伦 | 晋商12家 | 康熙年间 | 《内蒙地志》 |
| 恰克图 | 商店60余家 | 嘉庆年间 | 档案 刑部 |
| 乌里雅苏台 | 铺房1000余间 | | 《乌里雅苏台志》 |
| 多伦诺尔 | 坐贾1000余户 | | 《蒙古志》卷3 |

清代内外蒙重要城镇晋商统计

陕—河南—苏北，这是包头经山陕至河南段，系依黄河水运为主的商业交通线。商人在这十条交通线上往返，路途遥远，交通工具小而言之驴驮马载，大而言之起船装车，道路上的山高路险、水急时长、人烟稀少，“重冈复岭，道路险阻……脱辙之患，日不知凡几，势陡径仄，旁临深溪，乱石胡龋，人马无可措足。推轮行旅苦之”（清·光绪《平定州志》）。这样的商路可谓处处艰辛，重重险障。然而，正是在这样的交通环境中，清商人不畏艰难险阻，万里经商，长途贩运，有时一次贩运时间长达一年多，其大无畏精神真令人敬佩，而在清商人中以长途贩运和转售贸易为特点的晋商尤其值得尊敬。

东太行，西吕梁，北大漠阴山雁门关，南孟津潼关为门户，使山西形成了封闭的自然环境，从而使出入山西的交通之艰难不言而喻。就是在这样的交通条件下，山西商人东南贩茶、四川运漆、库伦贾皮（牛羊皮毛），走的是偏僻艰险之路，挣的是长途贩运之财，硬是用脚走出了一条条转售贩运之路，由山西商人走出的“茶叶之路”是继“丝绸之路”之后又一条重要的国际贸易线路。“大致从乾隆三十年（1765 年）起，在山西商人的推动下，逐渐形成了一条以山西、河北为枢纽，北越长城，贯穿蒙古，经西伯利亚，通往欧洲

◆ 清代茶叶之路示意图

腹地的陆上国际茶叶商路。在南方，又开辟了由福建崇安过分水关，入江西铅山县，顺信江下鄱阳湖，穿湖而出九江口入长江，溯江抵武昌，转汉水至襄樊，贯河南入泽州，经潞安抵平遥，祁县，太谷，忻州，大同，天镇到张家口，贯穿蒙古草原到库伦至恰克图，这是一条重要的茶叶商路。”（《山西历史地图集·清代晋商商路》）

## 四、盗匪太猖獗

当运载着数以万计的金银或价值万金的货物的商人，穿行于崇山峻岭之间、踏进了陌生市集之内，岂不是羊入狼群，各类宵小之徒、绿林强豪无不想偷、盗、抢、劫财货，商人的资金、货物和生命无时不处于危险之中。

清政府虽说经过了数十年的战争，已经取得了统治，但国内民族矛盾和阶级矛盾始终贯穿于清王朝始末，各种民间的秘密结社、反清势力和外国列强，对清政权始终进行冲击，故清统治下的社会治安较差，流寇猖獗。从以下文句中则可看出此种情况。“响马者，山东路上，跨马带铃，自作暗号之跖也”（慵讷居士，《咫闻录》）；“曹州之在山东，尤称盗薮，其俗剽悍”；“向来太汾之盗皆谓出于交城之葫芦峪，口北之盗皆谓出于近边之蒙古，今则与此两项人绝不干涉，皆山东人为之……河南、直隶人亦间入伙……口北之盗，皆山东骑马贼，散于各厅之村乡，店伙之黠恶者，暗与通线，客商往来银钱货物骡马，往往被劫”（徐继畬，《松龛全集》卷三《致王雁汀中丞书》）；山西商人到包头经商，杀虎口是必经之路，有民谣称“杀虎口，杀虎口，没有钱财难过口，不是丢钱财，就是刀砍头，过了虎口心还抖”。

晋商到包头的必经之路——杀虎口

从此图也可以了解到晋商经商之路的艰险。

# 第二节　以武护商　应命而生

商业发展所带来的巨大诱惑使商人无不向往，晋人历来吃苦耐劳、刚强豪放的性格特质又使其能不畏艰险、勇于开拓，硬是用脚走出了一条贯通全国的商业之路。在这艰辛的求财路上，遇到了无数的困难，晋商用无畏的气概和不屈的精神一一克服：清政府对商人不重视，不能从商人角度为商人制定经营安全的措施，商人可以克服；封建社会中一直执行重农抑商的政策，商人的社会政治地位本来就十分低下，只能自强不息，来解决这一问题；道路交通恶劣，商人也能克服；交通自清以来已经有了很大的改善，且远不是最难的时期，只要有吃苦精神，就能解决这一问题。但盗匪猖獗却是商人无法通过自身努力可解决的问题。

关键词：应时而生　镖局诞生　武装押运　黑五走镖

## 一、解商之困

商人向社会提出了货物贩运和资金运输中安全保障的要求。但在封建社会重农抑商的形势下不可能产生专门为商业运输提供安全保障的职能部门。在这种情况下，民间组织的作用凸现出来，镖局应命而生。王尔敏在其《从社会生态看清代民间镖局》中说："镖局之创生，因商旅运输之需要而兴，此与都市之发达，水陆行旅之频繁，商货及资金之流通有密切关系。更具体集中之需要，即是水陆道上行旅安全保障问题。此即镖局应命之生机背景。"

著名的武术家、镖师李尧臣在其文章《保镖生活》中形象地描述了保镖产生的过程："起先，有些会武术的人，住在客店里，等候客人雇用。他们只推着一个小车子，客人雇妥了，就推着小车子上路，一天要走 80 里地，这是保镖的源起。"（李尧臣，《保镖生活》）以武护卫之事古来就有，《水浒传》中第十五回"杨志押运金银担，吴用智取生辰纲"中的杨志即是以武为官护卫，但古来习武者多以侠客自居。由于封建社会轻商思想，商人社会地位很低，侠客向来不肖与商为伍，偶有个别人为商护卫，也多半会加上一个其他的理由，故商人交通安全之需明代就已有体现，但未能形成气候。至清代时，“会武术的人”（非武术家）发现了商人经营中的安全问题突出，是一个无本求利的商机，于是开始走到商人需要的地方，用自己所掌握的技能为商人服务，同时自己也成了一名贩卖武术技能的商人。当商人需要贩运货物或转运资金到千里、万里之外时，便会走到集市中找到贩卖武术技能的商人，付给对方一定的银钱，让对方为其押运，由于敢于走在崇山险岭间的“会武术的人”大多有着非常技能，故资金、货物及商人自己的安全提高了，经营中的难题在一定程度上解决了。

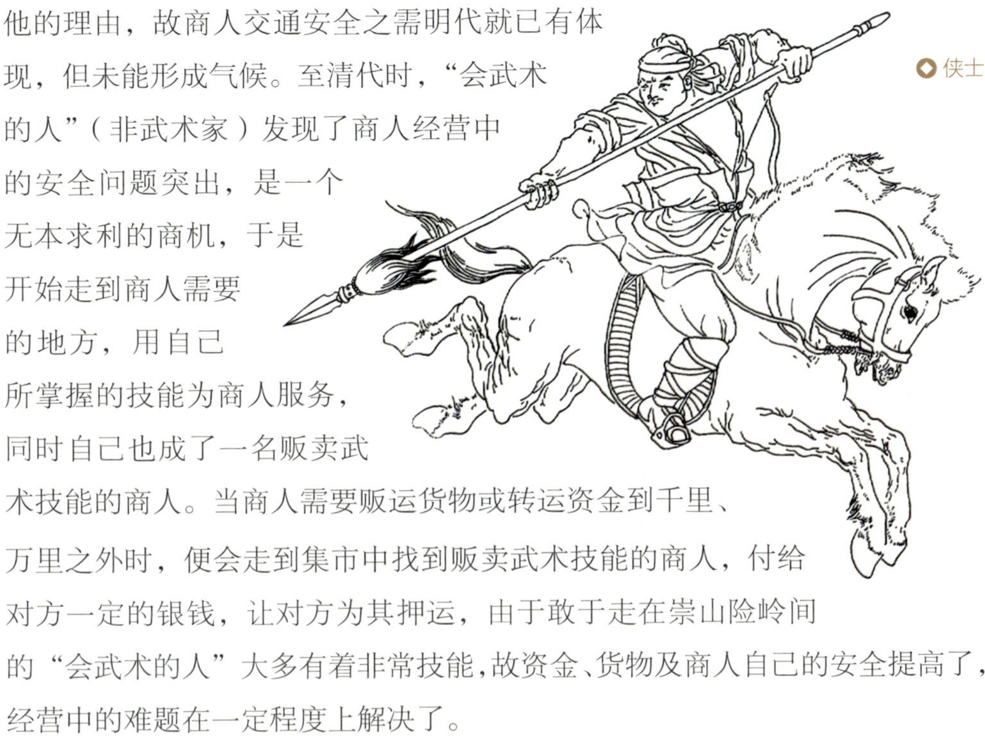
侠士

商人的资金与货物量大物重，加之运输的路途遥远，躲在暗处的盗匪防不胜防，“会武术的人”毕竟势单力孤，路上的艰辛可想而知，又不敢轻易和别人搭伙经营，万一搭伙之人乃盗匪内线，岂不是引狼入室、自寻死路。故保镖主要以保护商人的人身安全为主要经营业务，偶尔经营资金和货物，也只走较近、较熟的路，远解决不了商人的长途贩运之难。

## 二、镖局鼻祖

这时，有些武术家（比“会武术的人”技能更高、知名度更高、社会地位更高）发现了可以通过这样的方式解决生计问题，于是组织门徒好友，雇用杂役数人，开始了规模经营。于是镖局产生了。“考创设镖局之鼻祖，乃系清乾隆时……山西神拳无敌张黑五者请于达摩王，转奏乾隆，领圣旨，开设兴隆镖局于北京顺天府前门大街，嗣由其子怀玉，继以走镖，是为镖局之槁矢。”（卫聚贤，《山西票号史》）旧社会江湖豪客云游客在《江湖杂谈》中也说“镖

镖局院落一角

局者，既非殷实商家，又无充裕资本，都是几位武术家组织而成，并雇用把式匠数十人，为之轮流保护车辆而已”（云游客，《江湖杂谈》）。

张黑五，山西太原人，门派不详，武艺高强，远近闻名，素有侠名，人称“神拳无敌”。据传他是乾隆幼年时的老师，久居于京城，以开馆授徒为生。

当时，山西商人在京城经商的人很多，至岁末时，晋商辛苦经营一年，挣下大笔银两，由于山西人的恋土情怀，需将其运回山西老家才能安心。但晋商走南闯北，自然知道运输大笔银两的危险性。古代钱重，超过二百两银子就只能挑担运输了，而一千两的银锭，就得车载马驮了，在这种情况下，晋商如果没人帮忙是实现不了运钱回乡的愿望的。

晋商知黑五武艺高强，便登门拜访，请求帮忙，黑五深知其间利害，听晋商诉说，便答应了下来，叫了几个弟子，亲自带领车队出发，结果正如当初所料，车队刚出北京城几十里，就遇到了一伙劫道的人。

这伙盗匪先将一棵碗口粗的大树放倒在路中央，然后躲在远处偷窥。一般的商人如遇到这种情况有三种选择：第一种选择是反抗，不聪明的商人就自己搬树，这种的一看就是“生瓜蛋子（指初次遇到劫道的）”，这就需要费点工夫，出来一个手拿大刀长矛的小匪吓唬一下（其他人只要若隐若现就成），一般都会被吓得屁滚尿流，变成“呆瓜蛋子（只会磕头，不会动了）”，

**延伸阅读**

**镖局产生时间考证：**据卫聚贤考证，蒲松龄写《聊斋》是在康熙二十八年（1689年），书中已经提到镖局，可见在康熙年间镖局已经存在。这与其在《山西票号史》中所推断镖局起源于乾隆时，在时间上有所不同。根据镖局产生时代的考证、传说及历史事件、人物时代等因素的综合分析，李金龙、刘映海在《清代镖局与山西武术》中推断镖局产生于康熙二十年左右，由山西人创立。这和张黑五老年时曾任乾隆拳棒教头的传说时间、地点重合，故此处应该是“转奏康熙”。

张黑五头像

然后或杀或放，随心所欲，如果是个“傻瓜蛋子”，非要拼命，那就只好出来个身手好的，打发掉（杀死或击伤）。第二种选择是逃跑，比较聪明的商人一看，弃车逃命，可保住性命，盗匪过来不费吹灰之力将钱货运走。第三种选择是舍财，有多次被劫有经验的商人，一看情况，连忙从车上准备一份厚礼放在路上，然后离开好远，过一会儿过去，一看树挪开了，表示礼物收了，可以平安过了，一看树没挪开，就知道完了，货车上肯定没货了，一般情况下，劫道的也求平安，一旦商人礼物的确不少，就不动货了，因为一旦商人急了，报官处理，那对劫道的也是麻烦事。但商人一路走过来，一路送大礼（礼金要达到货银总价的三分之一，否则不会打动劫匪），这样运输钱货，也不知走到目的地时这趟镖保的值不值了。

张黑五骑马跟在队伍的后面前行，忽然儿子怀玉从前面跑过来说“父亲，前有恶虎拦路”（江湖黑话，后文将作详解），黑五一听，不慌不忙，走到前边，看到大树横在道中央，便抱拳揖首，然后说：“朋友闪开，我乃线上朋友，你是绿林兄弟，你在林里，我在林外，今日兄弟顺线而行，不可相拦，山后有山，山中有兽，去了皮净肉，富贵荣华高台亮，各走念。”（意思是说你我本是朋友，不可阻拦，否则如同杀山上的野兽一样）。躲在林中的盗匪一看，心想，来个练家子（会武术的），便没有动。黑五一看对方不理睬，便又一抱拳：“朋友听真，是朋友吃肉，别吃骨

**延伸阅读**

镖局初始时称为标局，名称来源于军队建制。从性质和功能分析，镖局实际上是有军队性质的，一有组织、二有分工、三有首领、四有武器、五能战。明清两代，军队实行的是营兵制，标兵是总督、巡抚、提督、总兵官亲带的部队，人数最多、战斗力最强。用“标”作为商业机构的名称，既能准确地表达标局的目的、作用，又合情理、通俗形象，还富有情趣。近代时，标作为军队的建构有了落后、腐朽的意思，镖也与武相关，“镖局”、“镖师”便日益代替了“标局”、“标师”。以至于大多数人已经不知道镖局原称标局。

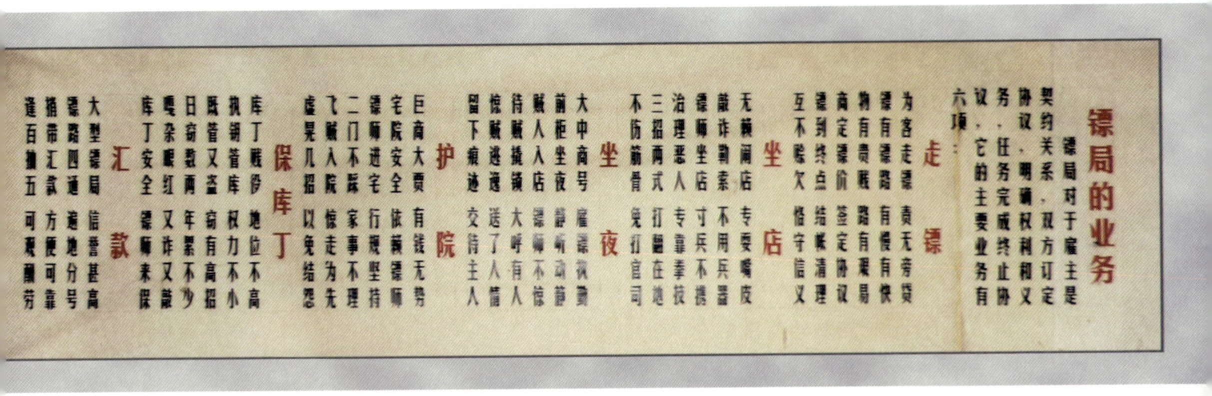

镖局的业务介绍匾

头，吃骨头别后悔，兄弟在此先露个丑。”说完进步上前，左手一把抓住树干，往怀里一带，右手一托，顺势发力，一招“横扫千军”，然后手腕一翻一抖，碗口粗树干立刻连颤三下，“凤凰三点头”，硕大的树冠哗哗直响，树叶纷纷落下，黑五然后用力一抛，将树木掷出大路，只听到林中惊呼之声四起。再看树干上有手指插入的十个窟窿。黑五掷完，面不改色，说道：“献丑了。”只听林中有人大喊一声“好功夫，请赐名号”，黑五答道“三晋张黑五也”，林中复言：“领教了，后会有期，扯乎。”然后只听得凌乱的脚步声四起，不一会儿归于寂静。从此，江湖上盛传黑五之能，遇到劫匪，只要大叫一声“黑五在此”，便能退去盗匪。

黑五护送晋商及银两返回山西，遇到数起劫匪，黑五或威慑或争斗，均取得胜利，顺利到达山西。一路走来，黑五才知道晋商的不易。

自山西返回北京后，黑五便“奏乾隆（应该是康熙），领圣旨”，成立了一个商业机构——兴隆镖（标）局，专为商旅保护银货。

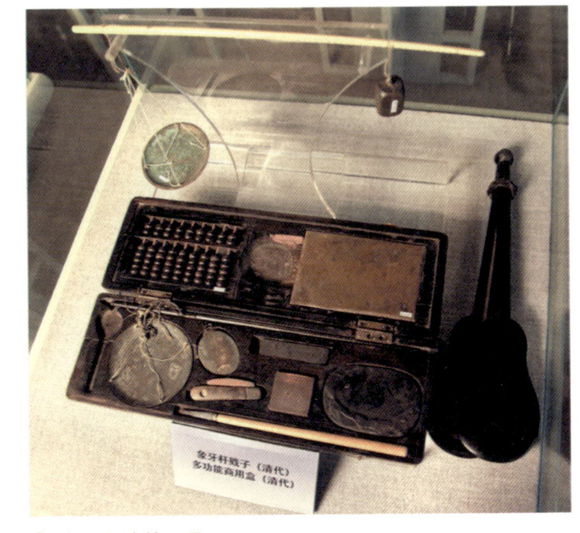

称量和计算工具

# 第三节　镖旗耀武　镖号扬威

张黑五自创立镖局以后，商人如获救命稻草，纷纷要求兴隆镖局为其保护财货，黑五开始时事必躬亲，每次都亲自带队走镖。有时，也会碰到一些前来劫镖的盗匪，黑五几乎不用亲自动手，其儿子怀玉和弟子们就可以将对手打跑，时间再长些时，江湖中都知道张黑五和兴隆镖局其名，只要知道兴隆镖局的镖就不再出来劫了。黑五便不再亲自走镖，而是派弟子中的佼佼者担任头领（起名为镖头），代为走镖，由于可以同时走多条线路，镖局生意大好。在路上，一旦遇到盗匪，镖师们只要大喊一声“黑五在此”就能吓退。

**关键词：镖局招牌　“合吾”喊叫　江湖情义**

黑五创设镖局为商旅保护银货的行为，极大地触动了商人和武术家的神经。商人终于看到了安全运输的希望；武术家则有了既能成全侠义之名，又可实现安身立命的职业。于是，镖局如雨后春笋般涌起，各地的武术家纷纷成立镖局，为当地商人护镖。他们学习兴隆镖局的做法，在车上插上镖旗，口中喊上镖号，一路耀武扬威地走在道路、集市之中。

戴家的镖车和镖旗

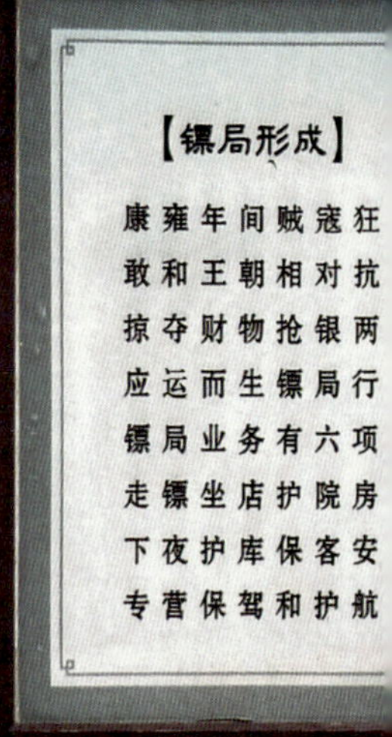

【镖局形成】

康雍年间贼寇狂
敢和王朝相对抗
掠夺财物抢银两
应运而生镖局行
镖局业务有六项
走镖坐店护院房
下夜护库保客安
专管保驾和护航

镖局形成

镖局走镖时间渐渐久了，镖旗逐渐有了“商标”的价值，镖号则有了传达某种信息的作用。

## 一、迎风招展

当镖局接镖后，首先要在所保的镖的车队上插上镖旗。“走镖时镖车上插有镖局名号的旗帜，名曰‘镖旗’。”（李刚，《明清镖局初探》）镖旗就是镖局的招牌，是镖局的镖头、镖师用生命、武艺和社会地位换来的。

镖旗是镖局经营中重要的“标志”之一。它具有三大功能：首先，具有标识作用，只要车上插着镖旗，每一个镖师都要尽全力去保护它；其次，具有威慑作用，告诉沿途的盗匪，这是某某镖局的镖，不要轻易过来劫镖；第三，具有宣传作用，告诉沿途遇到的各种商人，可以找某某镖局保镖。

“镖旗”的式样，各镖局都有自己的特色，让人一目了然。质地一般采取不易掉色的丝绸面料，能经得起风吹日晒；颜色多采用大红、大绿、大黄等亮色，以利于辨认和区别；样式多为三角形，四周多穗，可以轻易地实现迎风招展；图案多为崇拜的图腾加上镖头的姓（也有直接写“武”的）。

镖旗的产生还有一个传说。镖旗产生之前，镖局接到镖时，和平常的商

镖局院内镖车及镖旗

旅出行没有任何区别，但车多货多，常常招来小盗小匪来劫、偷、盗，镖局总要费时费力地打、捉、逐，不胜其烦，为威慑小盗小匪，镖局将枪、刀等武器竖在镖车之上，果然效果良好。但这种方法很快被没有请到镖局保护的商旅看到，便开始效仿，可是盗匪一来，武器虽在，武功没有，还不免失货，于是枪、刀等武器的威慑也变小了。有一回，怀玉护镖至山西境内时，遇到劫匪，匪首在江湖中赫赫有名，能影响山东、山西和陕西的多数盗匪，因为民除害而被迫落草为寇。听说有载有大量钱财的车队路过，便出来打劫，当镖师们大喊“黑五在此”时，匪首已经站到车队面前，本来对黑五敬重有加，但现在已是进退两难，由于不能在手下弟兄们跟前栽了跟头，匪首只得和怀玉大战，怀玉未能取胜，担心失镖，只得退回京城。于是黑五亲自出马，再走这个路线，专程前去拜会匪首，双方惺惺相惜，误会尽除。并约定，为防止再发生这样的情况，镖局走镖时，将兴隆镖局的标志做成镖旗竖立在车辆上，只要有兴隆镖局的旗在，盗匪手下的队伍就不会劫。

至此后，镖局都采用镖旗来展示名号。

## 二、“合吾”喊叫

时至现在，山西平遥等地还将大声喧哗称作“合吾喊叫”，分析其语源，应该与镖局走镖时喊的镖号有关。兴隆镖局初起时，黑五走镖，

威震四方

当遇到劫匪时，黑五大喊一声“黑五在此”（因黑五是山西人，其带有山西平遥口音，读“黑”为“合”），劫匪便悄悄地退去，后来，兴隆镖局的其他镖师走镖时遇到劫匪也模仿黑五大喊一声“合五在此”，效果同样明显，再后来，为打消劫匪的打劫想法，兴隆镖局便时不时地喊上一声“合五在此”，后简化为“合吾”。当镖局兴起后，各地纷纷建立，为表示镖局势强，便沿用兴隆镖局的做法，“黑五”渐渐成了一种镖局走镖时的重要手段，并产生了更多的功能在里面。

镖号具有三大功能：首先是通告功能，向沿途可能潜伏、遭遇的匪盗通报自己是某某镖局走镖的，希望“盗匪”给予关照，不要出来劫掠；其次是扬名功能，既告诉不懂规矩的“盗匪”，本镖局很强大，又告诉沿途的商旅，本镖局可为你服务；第三是交流功能，镖局车队很长，沿途可能遇到的危险因素很多，为实现队伍间的沟通，用镖号中声音的变化来实现队伍头尾的交流。

喊镖号几乎是行程走镖途中的一项主要活动，“合吾”加上江湖春点（黑话）组成各式各样的镖号，公开却隐秘地进行了各种内部交流，是镖局顺利运营的重要措施。镖号往往因镖局不同而略有区别，成为一种特定的镖局字号识别符号。

镖号有小趟子、大趟子之分。小趟子就是“合吾”两字，镖号的基本发音。各地镖师因方言读音不同，而读作“哈武”（清·佚名，《江湖走镖隐语行话谱》）、“喝唔”（齐如山，《镖局》）、“合吾”（云游客，《江湖丛谈》）等。小趟子的喊法、变化，因具体环境和情况是有所不同的。“如在住店或过桥时，喊‘合吾’二字抑扬迂回拖得很长，这叫做‘凤凰三点头’。平时所喊‘合吾’二字，就比较短促，有时就是简单两个拍子‘合、吾’。”（李尧臣，《保镖生活》）大趟子是指小趟子的种种变化形式，如“喝喝唔”、“哑喝喝唔”、“唔喝喝唔”等。

镖车及镖箱

陆路长途贩运和走镖所用的主要交通工具。

清末北京的永兴、正兴、自成、天兴四家镖局，日常营业相互照应，镖号则一样，小号都是“喝唔”，大趟子为“喝喝唔”三字音。福源、东源、北源三家镖局，大趟子均为“哑喝喝唔”四字音。源顺镖局的大趟子，是“唔喝喝唔”四字音。会友镖局的大趟子，亦为四字音，是“呦喝喝唔”（曲彦斌，《中国镖局》）。

镖号和江湖春点（黑话）结合，能实现在公开场合交流秘密信息的作用。云游客在《江湖丛谈》中说道“镖车上的大伙计走在路上虽然是耀武扬威，两个‘招路’得会‘把簧’。‘招路’是眼睛，‘把簧’是用眼瞧事儿。镖行人常说当大伙计不容易，春点术语亦得讲，跨着风子（即是骑马）得把簧。镖车走在路上瞧见了孤树，大伙得喊‘把合着，合吾’。如若遇见了桥，得喊‘悬梁子，麻撒着，合吾’。如若遇见路旁有个死人躺着，得喊嚷：‘梁子土了点的里腥啵把合着合吾。’如见对面来人众多，得喊‘滑梁子人氏海丁，把合着合吾’。如若瞧见有山，得喊‘光子，把合着合吾’。如若过河登船时，得喊‘两边坡儿，当中漂儿，龙宫把合着，合吾’。如若遇村镇有集场，得喊‘顶凑子掘梁子，把合着，合吾’。如若遇见庙会有香火场儿，人太多了，得喊‘神凑子掘梁子，把合着，合吾’。”

武器类春点

和贼匪谈判，镖界行话称之为“点春”。如谈判成功，自然是冰河解冻，带来大好春色，故称之为“点春”。

| 蛇儿 | 暗青子 | 青子 | 片子 | 海青子 | 月牙锋 |
|---|---|---|---|---|---|
| 兵器 | 暗器 | 兵刃 | 刀 | 大刀 | 戟 |
| 挺子 | 花条 | 小黑驴 | 喷子 | 串蔓子 | 串非子 |
| 匕首 | 花枪 | 洋枪 | 鸟枪 | 买枪 | 买子弹 |

◇ 武器类春点

走镖路上的镖师



镖队喊镖号，通常由在前开路的镖师大伙计领号，然后其后面的每一辆车押车的镖师、镖兵都要喊，“遇喊镖时，第一车之人喊完，第二车接声，以次到末一车为止，往往喊半小时之久，声颇雄壮动听”（齐如山，《镖局》）。

镖号有时候也是镖局和盗匪间沟通的手段，是盗匪向镖师表达江湖情义的一种方式。“路上遇见贼，双方谈妥，他准你过去以后，他就高声喊一个‘合吾’。这时埋伏在附近的贼听见以后，也要回答一个‘合吾’。有几个贼，就要喊几声‘合吾’。有时贼人趴在地上，远远地看不见；但为首的这个贼喊了一声‘合吾’以后，就听见远远的‘合吾’、‘合吾’，一声接着一声；贼人要多，‘合吾’声就接连不断，喊上好大的工夫。”（李尧臣，《保镖生活》）

# 第三章

## 镖行四海　义中取利

晋商到明代中叶后，已成为“非数十万不称富”的大商人集团。到清代后，则更是晋商经营“满天下”，东西南北，处处可见晋商足迹。到票号产生之后，晋商更是执中国金融界之牛耳，成为“海内最富”。

晋商商业上的成功极大地促进了镖局的发展。一方面晋商大量的金银和货物需要跨很大的地域（如武夷山至恰克图）转运，这使得镖局日益壮大；另一方面晋商逐渐成为各地商业巨贾，商号的安全、商贾自身的安全和其家宅的安全日益成为一个突出的问题，对安全的渴望使镖局在商号中的作用日益凸现，镖局也因此逐渐成为地方颇具影响的势力集团。

镖局产生前，保护商贾的“保镖”业已存在，但不具有独立经营性质。镖局产生初，镖师只能行走在非常熟悉的道路上，一旦远离自己能涉及的势力范围，便失去了官府衙门的支持及“江湖道上”的承让。因此，有些只做短程生意的地方势力被称为“镖户”。至镖局和晋商结合紧密后，各地的晋商网点就组成了镖局的势力网络。在各商号护镖的镖师，借助商号力量和地方发展关系，形成了一个个势力圈，并有连纵之势。当镖局走镖时，基本在势力圈内完成，实现了镖行四海、纵横八方。

# 第一节　千里走镖　号宅坐镖

镖局是以武术为基本手段，以保护商人人身、家宅、经营场所安全和商品、现银长途运输安全为主要目的的商业机构，具有一定的保险性质。（李金龙、刘映海，《清代镖局与山西武术》）镖局因解决商业运输中的安全难题而产生，对货物与资金进行长途运输业务是其最重要的业务，根据业务项目的不同，分为信镖、票镖、银镖、粮镖、物镖、人身镖六类；随着商业的发展，镖局又拓展出坐镖业务，主要以保护商人人身、家宅、经营场所安全，即是俗称的“看家护院”。根据目的不同，又分为护院、坐店、守夜。

关键词：走镖　坐镖　现银运输　镇宅

## 一、走遍天下是家乡

走镖业务是镖局的主要业务，从当时抄传的《江湖走镖隐语行话谱》和镖师李尧臣所作《保镖生活》两份珍贵文献中不难发现镖局的主要业务是走镖，“走镖，是镖局子头一项最重要的买卖”（《江湖走镖隐语行话谱》）。“拿当时

张家口老照片

镖局照壁

会友镖局的业务来说，一共有四路的买卖。北路镖是张家口、热河；东路是东三省，营口、吉林、奉天（今沈阳），到黑龙江省城；西路到西安为止；往南是直到南京、上海。当时往南走有两条官路，叫做东大道、西大道。东大道走任邱（今任丘）、河间府往南；西大道是走卢沟桥、琢州、保定、石家庄、冀州。要到上海、南京一带，须从河南郑州往南。水路是由齐化门内河奔通州外河，沿运河往南。”（《保镖生活》）

齐如山也在《镖局》中如此描述镖局走镖：“从前国中无银行，故无汇兑事业，大宗款项则由督抚委员解运；其次则由票庄代为拨兑。然各省有票庄之处，仅省会及一二大城市而已，其余城池，则无法拨兑也，一应银钱来往，必然运现。因路有被劫失落之虞，故须靠镖局代

**延伸阅读**

**走镖和坐镖名称的由来：**商业经营中，将外出经营流动的商人称为“行商”；具有一定的字号，在固定地址经营商业的商人称为“坐商”，亦称“坐贾”。宋代范成大的《题南塘客舍》诗说：“君看坐贾行商辈，谁复从容唱《渭城》？”镖局产生之后，人们根据行商坐贾的特点，将镖局对货物与资金进行长途运输的业务称为“走镖”，将镖局对商人人身、家宅、经营场所安全保护的业务称为“坐镖”，俗称“看家护院”。

镖局主厅

运……收到代运之款项，彼即注于账上，云：‘某月某日收到某号运交某处某号银若干两。’至银子之成色、分两，彼皆不问。交运款时，只将银两包好，外面再用布麻包封固、缝好，亦无火漆打印，只在银包外面书明银若干两，寄某处，交某号查收，下注某号寄字样。外再附信一封，一并交镖局带往即妥。运到银时，对方即将信收下，将银包掷堆屋隅便妥。代运之报酬曰镖礼，大致每年正月镖期总付。动辄数万两或数十万两，因其为上年全年总收入。镖银 500 两一包（原注：大致拨款项多是五百两一包，因少则太零碎，太多则一人运转不方便），每次可运几十包、几百包，对方收下之后亦不给收据，手续可谓简单之极，然亦很少出错。若果然遗失，镖局也管赔偿。”

走镖业务根据项目的不同，又分为信镖、票镖、银镖、粮镖、物镖、人



经过边关重镇的驼队

身镖六类。信镖、票镖，即是书信、汇票等，用镖局来运送信镖、票镖，其必然是极为重要的事或凭证，镖局对票镖的护送在票号产生后，票号与镖局走镖紧密联系在一起时作用尤为突出。银镖，即现银的长途运输，是镖局生意中获得收益最大，但也是风险最大的业务，“连地方官运送晌银和各种款项，没有镖局随同保护，也休想平安无事。当时各地运到北京的银子，都是装鞘运送，一运就是几十万。运到北京珠宝市，化了之后，铸成银锭交库。镖局子把银子运到北京以后，还要负责交库”。粮镖、物镖是镖局重要的经营方向，商人无利不起早，为了获得经营利润，货物的长途运输是必然的，而长途运输中安全问题也是非常突出的，“商人运送货物，更得委托镖局，才能防止贼人抢夺”，“自置洋船五，在东西洋贸易，每船必有标（镖）客”。虽然粮镖、物镖不如银镖运输中的风险大，但粮镖、物镖的目标大，运输人数多，时间长，所以也极易被盗匪们盯上，也有极大的风险。人身镖，即受雇充当私人护卫。“单身的客人上路，要找镖局保护”，“吾父某亦曾为人保镖，路遇僧耳，与角斗，不胜而死”，从袁枚文中可以得出人身镖也是有极大风险的。



山西人在外经商的人多，经营的地方多，和镖局打交道也多，田际春在《山西商人的生财之道》中说“清嘉庆年间……当时晋中平、祁、太等县的商人，在北京开干果店和做其他生意的人不少，每逢年终结账，他们都要往

◇ 走镖需过的关口

此处地势之险要，真是“一夫当关，万夫莫开”啊！

山西老家捎些银两，一般是从镖局运现”。“镖局也代理商号发往各地的汇款，兼办汇款业务。嘉庆年间在京城经商的山西等地的生意人，年节往家捎钱时，也多靠镖局运现，虽要付酬金，却比较安全可靠。”“太谷之领袖票号为志成信、协成乾，志成信为最老，协成乾系志成信之伙友分设者。志成信在外设有镖局，名曰志一堂，系送现银，有账可稽者在道光年间，且票号在北京仍用志一堂名号。”“山西榆次人安晋元在张家口开办有‘三合镖局’，王福元在蒙古三岔河开办有‘兴元镖局’。此外还有‘志一堂’、‘长胜’、‘三义’、‘无敌’等镖局，太谷车二、祁县戴二闾等都是有名的镖师傅。据说，车二的徒弟李复祯，出师后经常保镖于京津及辽宁一带。”从

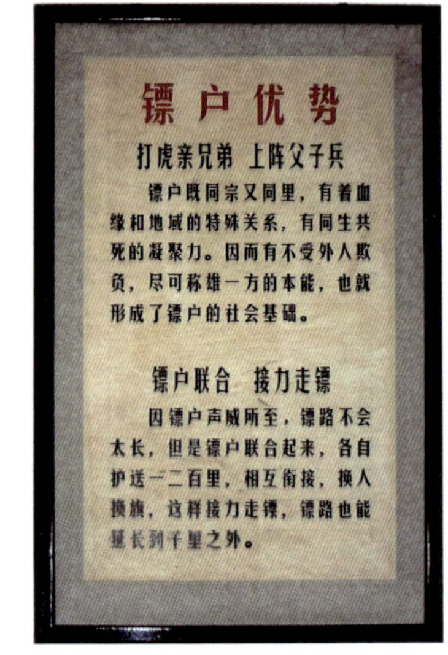

镖户优势

镖局业务

上述资料可以看出，山西镖局的主要业务是对现银的运输，也对货物进行运输，其经营为晋商资金运输提供了安全保障。

## 二、坐山守海

坐镖业务是镖局的第二大业务，“当时秩序不好，不单出门行路，有贼人拦路行抢，就是城里也不太平。所以当时的大宅门、大商号都得有看家护院的。这些看家护院的，不是他们自己雇用的，一般都是和镖局子接头，由镖局派人前往坐夜。后来，外国人到中国办了很多洋行、银行，他们也请镖局子的

晋商院落分布图

人去保护。前门大栅栏、珠宝市一带的商号，后来组织起来，办了商团。就由商团和会友镖局接头，替他们守夜。当时会友镖局每天晚上派出守夜的师兄师弟，总有不少人。如华俄道胜银行就是由会友给保护的。大宅门找会友护院的不少，最有名的就是李鸿章了”。从李尧臣的描述中可知坐镖业务可分为：护院、坐店、守夜。对商号、富人的家宅进行保护，即为护院（如，为李鸿章护院）；对商人商业经营场所进行保护即为坐店（华俄道胜银行）；而在夜间对这些场所进行保护即为守夜（替商团守夜）。

山西商人经营有方，家财万贯，其商号和家宅必然会有一些宵小之徒窥探，不免会出现偷、盗、抢、赖、仇人纵火等意外，对经营造成一定的影响，因此各商号都要请镖局之镖师来坐镇，以保证其家宅和商号的安全，由于商号将其视为镇宅（号）之人，所以待镖师如上宾。由于坐镖没有走镖的长途劳累而且凶险较小，故而多数成名老镖师多在商号坐镖：“李广亨在太谷‘中兴正’商号任护卫”，“形意拳高手如李老农、申天宝、冯克智、胡铎、李发勳、武鸣国、吴本忠、车毅斋、贺运亨等，多在曹氏三多堂担任过护院拳师”，“重金聘请车永宏先生为教师兼护院，轮流留住各家”。从上述资料可以看出，晋商多把镖师作为其宅（号）的保护者，这些镖师为晋商经营保驾护航，前方解决晋商经营中的安全问题，后方保证固定资产完整无缺。

旧时镖师看护过的曹家大院

## 第二节 规模盛大 每商必镖

由于社会商业的需要，以武术家组成的镖局成立了，从此，商人不再为商品、金银的运输问题犯难了，只需交付一些费用，镖局就给你把货物、现银运到指定地点；商人也不必为家宅、商号和人身的安全担心了，只需交付一些费用，拿着枪的镖师就会坐在你的家里、守在你的商号、护在你的身边。商业经营中的两大难题的解决，让商人对镖局有了依赖，镖局也借助晋商及其他商帮的经济实力，迅速地壮大起来，盛极一时，几乎达到每商必镖。

关键词：交通枢纽 连锁经营 每商必镖

非常遗憾的是，纵使镖局有极大的社会影响力，在一个重农抑商的时代，对社会发展做出很大贡献的商业一般都不会被官方、学者重视，何况只是服务业的镖局，官方正史中对镖局难有记载，偶有记载也是将其列入以武犯禁的盗匪类等，而镖局中人又大多是不识字的江湖武术家。因此，现在已经很难对清代镖局的经营规模、镖局数量、营业额、从业人员数量、具体走镖路线等可以量化表现镖局兴盛的数据进行研究了。

### 一、交通枢纽镖局众

清代商业相对发达，打破了地域限制和思想束缚的清代商人们大胆地走出家乡，到千里、万里之外的地方去经商。商人的经营对镖局的发展有非常大的促进作用。理论上讲镖局是无处不在的，因为商业是无处不在，财货运输也是无处不在，运输中的困难也是无处不在。但事实上并不是所有的地方均有镖局，有些大城市并无有关镖局的记录存世，而有的小地方却有很多家镖局，如“冀州李家庄绢子镇上开有很多镖局”（李尧臣，《保镖生活》）。

镖局一般会在商业繁华地段或交通枢纽处开设。商业繁华地段的商业活动频繁，大量的资本流动和货物买卖，为商家带来大量利益，也为镖局提供大量客户，如北京，清政治经济中心，商业繁荣，清光绪年间“北京城有八个大镖局，会友、永兴、志成、正兴、同兴、义友、光兴、××，都在前门一带”（李尧臣，《保镖生活》）；如平遥，“汇通天下”的清商业中心平祁太（平遥、祁县和太谷）中的主要城市，同兴公镖局就开设在平遥最繁华的街上。交通枢纽一般都是商品流通的批发站，大小商贩集中于此，将长途贩运来的大宗商品进行批发分散，将分散带来的少量现银汇集，如河南赊店（今社旗县），当时是交通枢纽，中州较大的码头，号称“西行川贵，东接江浙，南望湖广，北通晋蒙，南靠长江天险，北临黄河大流”，戴龙邦创办的广盛镖局就在山陕会馆旁。小商贩带少量货银及少量货物走常走的短途，危险性就降低了，雇用镖局运输成本也不低，因而有的大城市反而镖局业不发达。（见镖局分布示意图）

**延伸阅读**

**无息借垫，**商号与储户在金融机构的存款，谓之“浮事”。金融机构对于“浮事”，一般都要付息，存入银两利率高，存入制钱利率低。各商号平时在钱庄支付银钱，如果发生欠项，即出现透支，可以在月底清偿，月内透支可以免加利息，如果拖至下月，必须支付利息。

水陆商贸码头

图中所示镖局远不及镖局兴盛时的万分之一，因为镖局在当时的社会生态中，地位较低，官方正史几乎找不到只言片语；加上从事镖局生意的大多为武林中人，文化意识不高，故存世资料很少，本图所列之地区，只是部分史料的统计，另有部分的资料，因对其出处存疑而未采纳。



镖局分布示意图

从镖局分布图可以看出，镖局在全国商业发达的大部分地区均有开设，可见镖局之盛。

镖局作为“保险业”，主要从事千里走镖业务，其足迹遍布全国，图示中的镖局地区指的是其总号或分号所在地，而非其经营的路线，镖局经营的商

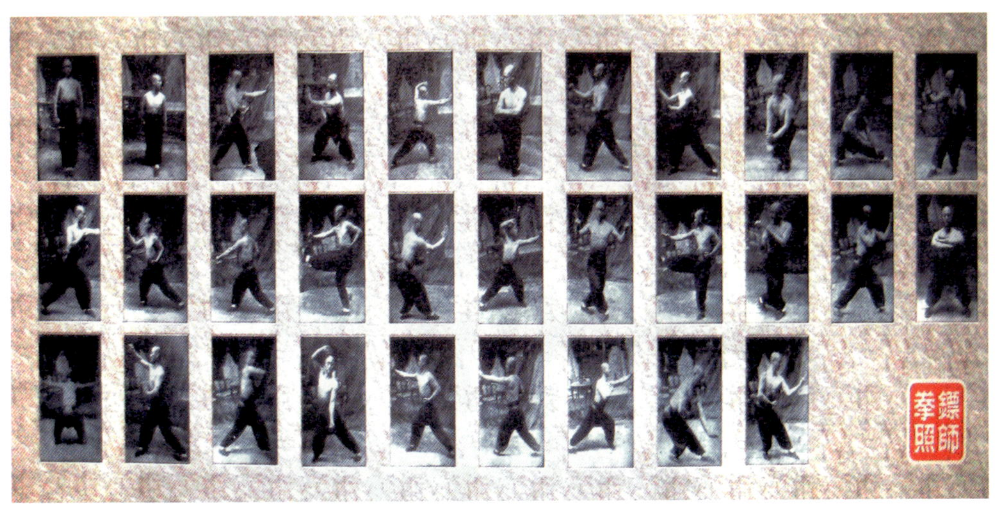


镖局镖师需掌握的部分技能

作为一个镖师需掌握的技能很多，此图所展示的只是其中一部分。

清朝山西商人之商路示意图

路应该和从事长途贩运商业经营的商路重合。镖局本就是为长途贩运的商人服务的，理应“商指到那，镖‘打’到那”，而从事长途贩运商业的商人中以晋商为最，其商路路线如清朝山西商人之商路示意图所示。晋商经营中对镖局的需求使镖局在全国各地都有很大的发展，对两图进行比较可知晋商经营之地，多有镖局资料存世。两者在地域上的重合表明晋商对镖局地域分布有着直接的影响。（新疆地区是山西商人的经营地之一，但由于本研究的时间有限，未能找到与镖局有关的资料，将在后继研究中继续探索）

## 二、规模最盛数京城

北京是清之都城，清政治、经济、文化的中心，也是商业最为发达的地方，是商旅货贩最大的集散地，因此也是镖局集中之地，现有镖局起源最可信的历史文献记载就是山西人张黑五在北京开设的兴隆镖局。清初北京镖局的规模现已无从考证，但清末民初时北京仍有众多的镖局经营，并且其经营规模很大，可说明镖局在清末仍很兴盛。

清朝末年，对镖局来说，已是夕阳黄昏，当时，北京城及河北省大大小小还有不少镖局和镖局设的分号。光是北京就设有十几家，但最著名的是“八大镖局”，会友、永兴、志成、正兴、同兴、义友、光兴、源顺（原始文献如此，是否为王五开设的顺源镖局存疑）……邓家镖局就先于会友镖局关门大吉了（赵映林，《民初北京的镖局》）；“当时北京城有八个大镖局，会友、永兴、志成、正兴、同兴、义友、光兴、××（原始文献如此），都在前门一带。会友镖局是最大的一家……另外还有些跑散镖的，其中最有名的就属贯市李家”（李尧臣，《保镖生活》）；“光绪三十二年（1906 年），京师外城尚有镖局 13 家，东光裕、西光裕、东三义、同和、永兴、德荣、隆泰、东元成、北元成、义顺、自成、义友、福元”（哈恩忠，《光绪三十二年京城管理镖局枪支史料》）；“据曾在昌茂镖局当过多年镖师的杨万清先生讲述，光绪年间，京城一带有多家镖局，昌茂镖局算是最大的一家”（李继晨，《保镖行业中的趣闻》）；这三份史料记录的年代均为清光绪朝至民国初期（1906—1921 年），这时镖局已经是“夕阳黄昏”，即将退出历史舞台，而在北京仍有 22 家有据可查的镖局。同时，这些镖局还是连锁经营模式，仅京城八大镖局之一的会友镖局就在“南京、上海、西安、天津各地，都有分号”，可见镖局在北京之盛。

北京的镖局不仅数量很多，而且人数众多，仅京城八大镖局之一的会友镖局就有数千从业者，“那时，南北各地，师兄、师弟、师叔、师大爷，共有 1000 多人。常在北京柜上的，总有二三十人”（李尧臣，《保镖生活》）。据此粗略估计，其时，有据可查的 22 家北京镖局（含其分号）的从业人数至少有万人以上。

数以万计的镖局从业者，不仅有武术技能，而且已经顺应时代发展，开始购置火枪。查光绪三十二年北京馆藏巡警部全宗档案可知，光绪三十二年五月十四日，北京外城巡警总厅辖区内共有 13 家镖局，134 杆火枪（见表 3-1），这其中位列京城八大镖局的只有永兴、义友两个镖局（文献所列镖局名称和其他史料略有冲突，可能存在至五月十四日尚未上报的镖局，或其后

旧时北京街道一景

又有新开的镖局以及不是外城巡警总厅辖区内的镖局等）。13 家镖局的枪支数量相似，表明镖局规模相似。

作为非政府组织在防卫重地的京城拥有这么多的枪，可以得出清光绪朝镖局在北京的兴盛之况。镖局的兴盛使清政府对其进行了严格的管理，北京出台《京城镖局枪支管理》的文件来严格约束（哈恩史，《光绪三十二年京城管理镖局枪支史料》），镖局所拥有的每一支枪都要进行造册、编号、烙盖火印、发给护照。说明镖局在清是一个兴盛而普及的行业。

**表 3-1　京城镖局枪支数量**

**光绪三十二年五月十四日京城外城巡警总厅辖区内镖局枪支清册**

| 镖局 | 东光裕 | 西光裕 | 东三义 | 同和 | 永兴 | 德荣 | 隆泰 | 东元成 | 北元成 | 义顺 | 自成 | 义友 | 福元 | 合计 |
|---|---|---|---|---|---|---|---|---|---|---|---|---|---|---|
| 数量（支） | 12 | 9 | 6 | 8 | 16 | 5 | 14 | 15 | 15 | 7 | 8 | 10 | 14 | 134 |

## 三、东南西北均有踪

镖局的产生与晋商密切相关，镖局的兴盛也离不开晋商的发展，但对山西镖局的规模进行研究时，统计的方法却与对北京镖局的统计方法有所不同，北京不仅是清商业中心，也是交通枢纽，各种商人均云集北京，镖局自然也会在北京本地开设。山西的平遥、祁县和太谷虽是清代商业重镇，山西商人的大本营，但山西商人却是万里经营，贩万里货，发万里财，其经营地域是全国各地，只有年底时，才会将一年的收入运回山西，故镖局一般不在山西本地开设，而是随晋商的足迹，到晋商经营之地开设。考查山西镖局规模时，应该以山西人开设的镖局为主。

整理有关山西镖局的文献，首先就是"清乾隆时……山西神拳无敌张黑五者开设兴隆镖局于北京顺天府前门大街，是为镖局之槁矢"（卫聚贤，《山西票号史》）；其次是"志成信在外设有镖局，名曰志一堂，系送现银，有账可嵇者在道光年间"（卫聚贤，《山西票号史》）以及平遥的同兴公镖局、祁县的太汾镖局、文水的昌隆镖局、河南赊家店开设广盛镖局、张家口开设的三合镖局、蒙古三岔河开设的兴元镖局，此外还有长胜、三义、无敌等镖局都有史可查。



山西镖局的经营是多元化的，有的是自己出资开设的具有"独立法人"的镖局，如同兴公镖局、太汾镖局和昌隆镖局等，但也有商人出资，附属于

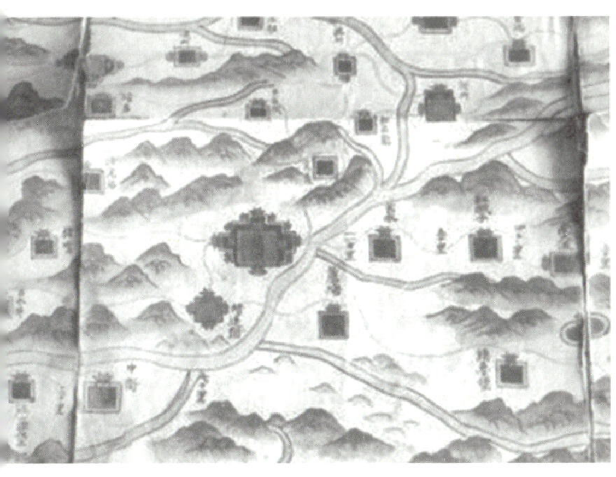

◆ 镖师遗留物：《提属甘凉宁西肃安西大通舆图》和《少林棍法图说》

这两幅图说明，要成为一个镖师须具备很多方面的能力。

商号的镖局，如志一堂，而附属于商号的镖局由于交织着其他商业经营，故对其研究也较难，大多数只能通过镖师走镖或坐镖的行为来判断其是否有镖局经营。李老农为太谷三多堂担任镖师；车毅斋曾从事护院镖师；李复祯为太谷王庄客商护镖；李存义参加义和团失败后在太谷孟氏担任护院镖师；李广亨在太谷中正兴商号担任护卫镖师；另外，还有榆次人安晋源和冀立正、洪洞人贺敏英、平遥人王正卿、祁县人戴奎、文水人左二把和康有金、太谷人智庆、河津人柴春荣、临猗人曹振华等从事过镖师工作，留有侠名，这些均可判断山西镖局的兴盛。

虽然山西镖局的数量、从业人数等无从考证，但镖局在山西之兴盛却有着其他史料可作旁证。乾隆时任山西布政使的严瑞龙对镖局在山西的兴盛深感忧心，上书乾隆，称保镖已成“西北各省”商贾经营的一环，保镖胡作非为，请求禁止（吕小鲜，《乾隆七年保镖史料一则》）。

更为重要的是由于镖局运现而兴起的镖期、镖利制度，逐渐成为山西社会商品交易、资金融通的债权债务清偿网络体系，是当时成熟的民间信用制度。晋商经营对镖局的发展作用可见一斑（后文将详细阐述）。

## 四、瑞龙上奏以求禁

山西镖局的兴盛还引起了时任山西布政使的忧心，上书乾隆，请求禁止。其全文如下（吕

**延伸阅读**

**年标**，是一年一标。山西商人经手的商品很多，简单地分，有南货、北货与俄国货，如南货中的两湖福建的茶叶、苏杭的绸缎、江西的瓷器、广东的杂货、四川的药材等，要通过水路、陆路，分别与东北的人参貂皮、西北的膏药水烟、蒙古的牛马皮毛、俄国的呢绒哔叽等不同商品进行以物易物的实物贸易。由于路途遥远，正常情况下，交易一次需要一年的时间，多数情况下，其镖期都定在每年旧历的正月，又因中国古代曾有过用十二地支来计月的习惯，而正月又正值寅月，所以此镖（标）又称寅镖（标）。兼之，此类镖（标）银数额较大，故而又称之为大镖。

小鲜，《乾隆七年保镖史料一则》）：

山西布政使严瑞龙为请严禁保镖胡作非为事奏折

乾隆七年十一月初一日

山西布政使臣严瑞龙谨奏，为请禁保镖肆横之禁，以安民生，以恤商旅事。

窃查西北各省，凡富商大贾前赴东南置买绸缎布匹等项，俱囊挟重赀，动至数万金，骑驮数十头，合队行走。有臂力过人、身娴武艺之徒，受雇护送，带有鸟枪、弓箭，名曰保镖，所以防草窃、杜剽掠也。拒若辈骄悍性成，多不安分。入肆则强买食物，缺少价银，沿途则纵任骡头践食田禾，甚至投宿到店，勒令先到之人搬移他处，如遇过渡争先，辄将上船行李抛弃岸旁。稍有较论，鞭扑随之。商民畏其凶横，莫可随何。此臣向所得之传闻者。

迨上年承恩入觐请训后，于八月旬道经河南荥泽之黄河地方，时臣

镖师的部分装备：头盔、狼牙棒等兵器和记事本

从图中可看出镖师走镖时自己也需要装备许多东西。

已登舟而镖客后至，手持小旗，称系皇饷，喝令退避，臣随问以饷运何处，有无解元，若辈茫无以对。又侦知臣系湖北布政使，始让同舟。而睚眦之状，勃不可遏，则平日之欺压商民，不问可知。

今岁奉旨调任晋阳，臣从湖北起程，复一路查访。保镖之徒到处肆横，众口一词，实与臣闻见所及无异。并有语以若辈出店入店插旗放枪，形同官长者，更为妄不法。

伏思伊等受雇保镖，俾得长途无事，乃其本分。若恃强肆横，以致扰累商民，殊属未便。臣为绥靖地方起见，可否仰恳天恩，饬令各该省督抚转饬地方官通行示谕，凡保镖之徒经过关津渡口及城乡市镇，毋许短价买食物，亦不许纵畜践食田禾。其于投宿、过渡，惟论到之先后，不得强为争竞。一有违犯，立即严拿重惩，至于借称皇饷哄吓乡愚，并插旗放枪，虚张声势，均干功令，并请悉行禁止，以杜妄。如此，庶强横各知敛战，而商民咸歌荡平矣。

为此缮折奏请，伏乞圣明裁断施行。臣谨奏。

乾隆七年十一月初九日奉朱批：该部议奏。钦此。

山西布政使是清政府的官员，负有保境安民之责，清代地方官不像现代，经济发展是评议官员的重要指标，清代以社会安定为官员的第一目标，因此，

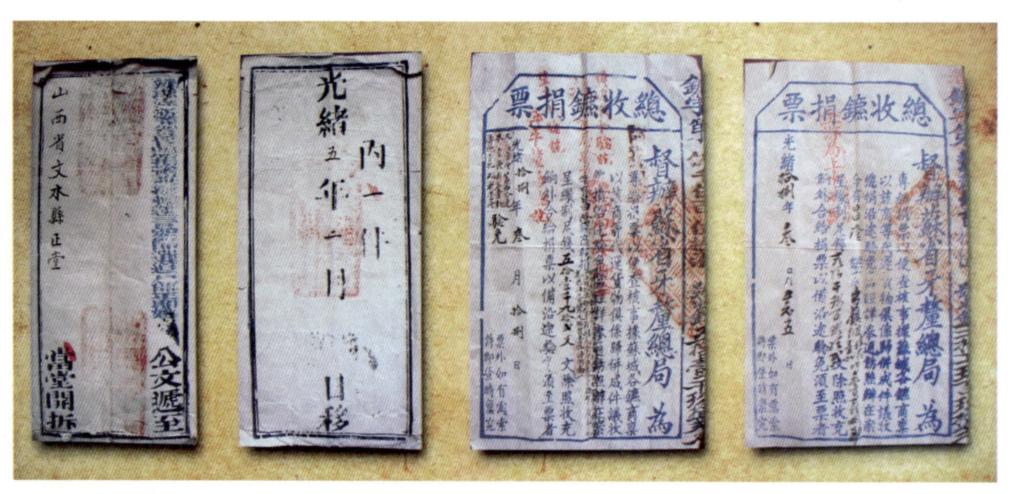


镖局“执照”

此图说明镖局是存在于当时社会中的一种正当行业。

民居——丁村四合院

此类民居不仅利用空间来使家人团聚一起，更体现出安全的重要性。

严瑞龙作为地方官是从自己管理的角度出发，其上书之奏折，将镖局之镖师描述为恃强肆横，以致扰累商民，由于其出发点的不同，文中所述疑点甚多。这里提出，只是要说明，从这份奏折中，可以看出清代山西镖局之盛行。

证据一，清镖局不仅商贾要雇其护送，而且还会为皇家运饷。“时臣已登舟而镖客后至……称系皇饷……臣随问以饷运何处，有无解元”，如果从未用过镖局给皇家运饷，那镖局之人也不会用此作借口，山西布政使也不会问有无解元，说明镖局运饷之事是存在的。能为皇家运饷，可见其势之大。

证据二，清镖局已经成为“西北各省”商贾经营中的一环，“窃查西北各省，凡富商大贾前赴东南置买绸缎布匹等项，俱囊挟重赀，动至数万金，骑驮数十头，合队行走……受雇护送……名曰保镖，所以防草窃、杜剽掠也”。只要是富商大贾去置买货物，就会有身娴武艺之徒受雇护送。可见其规模之盛。

# 第三节　镖期过镖　债务清偿

山西是镖局兴盛的地区之一，也是清经济最发达的地区之一。山西在长期的经济发展中，形成了众多的商业经营特点，其中镖期、镖利制度在清代山西经济发展中起了重要作用，而镖期、镖利制度又与镖局有着很深的渊源。

关键词：集中运现　过镖　镖期　镖利

## 一、集中运现来过镖

集中运现是镖局的重要业务之一，所谓集中运现，本书是指镖局在一次运送现银过程中，同时为众多商家提供安全服务。在清代票号产生以前，资本流通中几乎全部是金属货币的流通，金属货币由于其笨重使得运输起来很不方便，据记载，当时国人的银钱转移，小量可以自行揣带，稍多的话，就得车载马驮。随着商品经济的发展，商业资本逐渐活跃，商品流通范围日益扩大，与其相对应的是货币流通量的日益增加，大宗现银的移转，若两地相距太远，或路途不平静，为避免沿途宵小匪盗的窥视骚扰，通常会先向当地镖局缴费，请镖局担任护送。（王尔敏，《明清社会文化生态》）

镖局集中运现与“过镖”制度密切相关。“过镖”制度是晋商在数百年的商贸活动中创建的，在这一制度中，镖局为众多商家服务，同时为众多的商家异地运送现银。晋商所有总号分庄，对“过镖”无不重视，因为它关系到所有商号资金供求和资产负债能否平衡，是企业兴衰存亡的关键。在

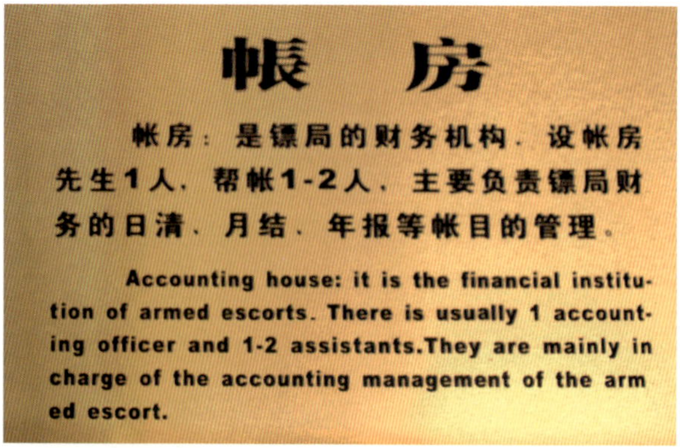

帳　房

帐房：是镖局的财务机构，设帐房先生1人，帮帐1-2人，主要负责镖局财务的日清、月结、年报等帐目的管理。

Accounting house: it is the financial institution of armed escorts. There is usually 1 accounting officer and 1-2 assistants.They are mainly in charge of the accounting management of the armed escort.

账房

镖局院落一角

清代，"过镖"由各地的商人会馆负责组织。进入 20 世纪初，光绪皇帝支持新政，半官半民的商会在各地纷纷成立，过标（过镖）就由商会负责了。镖局集中运现的到来，是当地商界的一件大事，每当过标时，运载现银的标车一般是在下午时分到达。那时，夕阳西斜，明标到来（解现银者谓之"明标"），接近城门，便鸣火枪一声，赶车人高扬长鞭，人欢马叫，高喊而入，络绎不绝。山西太谷的曹家，祁县的乔家、渠家就会"那些过元宝的驴队、驼队，首尾相连，逶迤来断，过了两天两夜还没有过完"。过标时，商会还要组织唱戏，即从"过镖"的第二天起，所有商号和金融机构，要筹措资金，聘请梨园优伶到城中的财神庙或关帝庙唱戏三天，娱乐庆贺，并祈求神灵保佑，发财致富，吉利平安。（孔祥毅，《镖局、标期、标利与中国北方社会信用》）在山西当地有一个民俗叫"过镖戏"，其中有一

**延伸阅读**

**过镖**，即赊购结账制，指晋中商人在长期经商实践中总结并实施的一种会计结算制度。商号间在大量的业务往来之前，先议定价格、利率等，再确定一个期限，到期必须清理债务，结算账目，最后将所盈银两送归各自总店，习惯上把这种清理债务和银两归现的制度和方法叫做"过镖"。"过镖"要点有三：一是总号与分号、总号与分散在全国各地的连锁店之间，都要按照镖期进行财务结算和清理；二是晋商与发生贸易（含借贷）关系的相与家（即买卖双方的另一方），无论盈亏也必须以镖期为限，准时清理双方债务；三是所有盈利部分，都要通过金融界的调剂，以银两现金的形式由当地镖局负责押运交到指定地点。

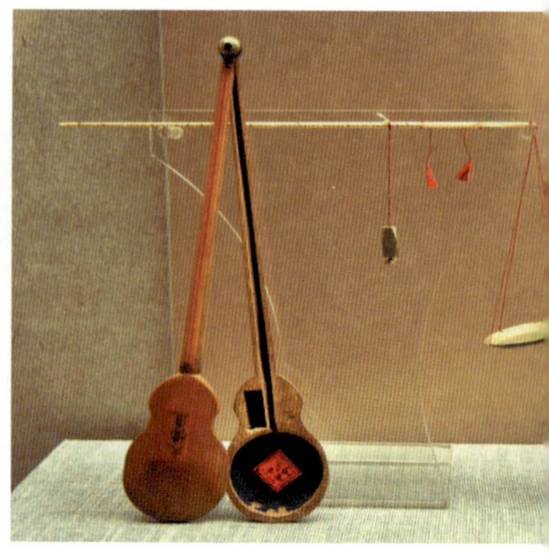

◆ 发票、照票的印版（大德通的）和称

到清末，许多商人已将常用的商用文书固定为一定格式，刻成印版来满足该格式之书不断增加的使用量。

出《塔子沟》中的主角的出场唱腔为“俺，二路镖头王正卿是也”。



镖局集中运现帮助山西商人将各地的经营利润运回家乡。有谚语云“填不满的平遥城，银子元宝绊倒人”。晋商交易中所盈利的银两除扣去来年的本钱和请示总店批准借贷给其他商号的外，余下的现金要由镖局负责押运回晋中总店。“清嘉庆年间……当时晋中平、祁、太等县的商人，在北京开干果店和做其他生意的人不少，每逢年终结账，他们都要往山西老家捎些银两，一般是从镖局运现。”（田际春，《山西商人的生财之道》）“镖局也代理商号发往各地汇款，兼办汇款业务。嘉庆年间在京城经商的山西等地的生意人，年节往家捎钱时，也多靠镖局运现，虽要付酬金，却比较安全可靠。”（曲彦斌，《中国镖局》）

镖局集中运现是相对于镖局零星运现而言的，本书中零星运现指镖局为某一特定商家的异地运现提供安全服务。两者之间有相似点，镖局能够在现银运输过程中提供安全服务，但两者之间更重要的不同点是，它们所反映的商业规模和关系是不同的。某一特定商家的零星运现反映的是某一特定商家的商品交易所带来的现金交易或零星的、不定期的债权债务的清偿和结算，商业关系是一对一的，简单的，规模是有限的。而集中运现反映的是众多商家的、定期的、集中的债权债务的清偿和结算，其所反映的是多对多的、复杂的、发展了的、大规模的商业关系。

镖局由零星运现到集中运现是与商业的发展相适应的，而集中运现的功能也使镖局日益成为商业活动中重要的、不可或缺的一个机构。商家的趋利本能使得各商家在商业活动中不断节约交易成本，扩大商业规模和范围，从而增加利润；趋利的本能也使得他们在寻找一种机制，而镖局的集中运现是与这一机制的形成相适应的。“过镖”制度是晋中商人在长期的经商实践中总结并实施的一种会计结算制度，这一制度形成后，产生赊账、信用放货、信用放款等多种信用关系，商业活动所需现金减少，节约交易成本，从而有利于商业规模和范围的进一步发展。“过镖”制度，从字面上理解，显然它的形成与镖局的功能有千丝万缕的关系。而镖局在这一制度的形成和实施过程中，确实起着不可替代的作用。

**延伸阅读**

**月息**，月息也是按标开盘，归还期限也是以标期为标准。但是，每开一次就连开三标。如1924年，太谷春标开夏标每元月息8厘，秋标、冬标7.9厘；夏标开秋标、冬标为7厘，次年春标为7厘；秋标开冬标为7.1厘，次年春标、夏标为7.1厘；冬标开次年春标月息7.9厘，次年夏标、秋标月息7.8厘。

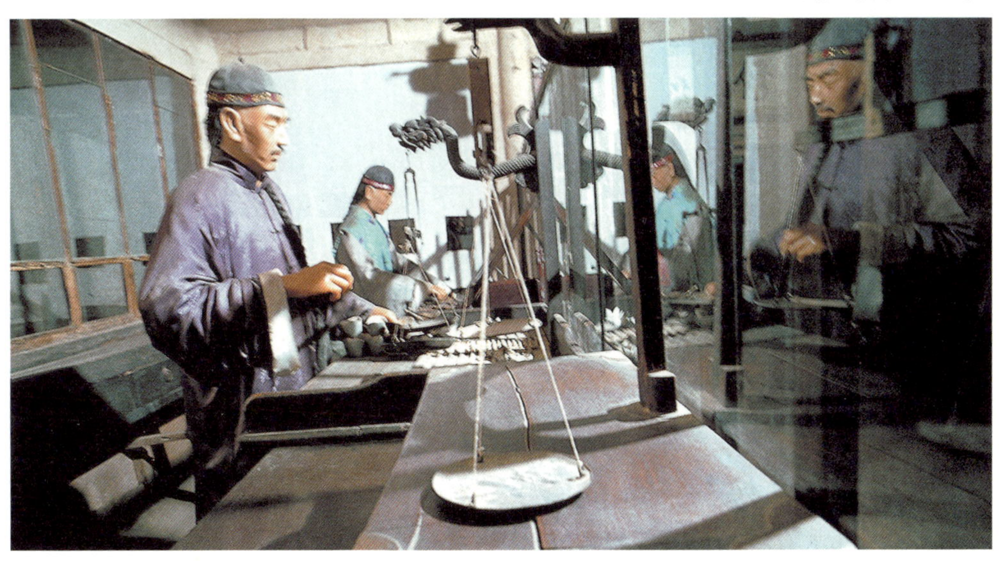

账房一角

运现银过镖情景模拟场景图。

## 二、货币清算定镖期

17世纪中期到20世纪30年代，在以山西中部与口外（长城以外）为中心的中国北方商品交易中，由商品赊销和货币借贷引起的债权债务的清偿和结算，在偿还期限、利息计算等社会信约履行问题上通行标期和标利。标期、标利又是与镖局集中运现密切相关。所以，镖局、标期、标利与山西商人的商业活动以及金融机构票号、钱庄、账局等共同构成了一个债权债务清偿网络体系，商号、住户与金融机构都能够自觉执行这一制度。这一制度，即上文所说的“过镖”制度，成为以山西太谷为中心、以晋中各县与口外张家口、丰镇、归化（呼和浩特市旧城）、包头、宁夏、兰州为重点的中国北方地区的商业习惯，构成了一幅北中国民间商务清算网络，这是清朝中期到民国初年中国经济与社会的一大特色。在这一制度中，镖局是债权债务清偿网络体系中的一枚重要棋子，其功能是为众商家异地集中运现，无论各商家在商品交易过程中如何赊账，如何借贷，到一定时候总要用现银来结账清算的，所以现银的到来就显得尤为重要，而镖局的作用也就不容忽视。

镖局是为客商运送货物银钱保镖而兴起的。兴而既久，渐渐形成了种镖期。镖期成为各地商界相互间交割货款、总结账后运现银交解的日期，俗称“过镖”、“过局”，即当今的结算期。镖（标）期，由标车运送现银的时间而定。有年标、

**延伸阅读**

**骡标**，亦称骡期。据《绥远通志稿》卷三八记载，“骡期情形，亦与标期相近，相传为昔年用银时代，钱商结账后，有以骡运银往内地之举，故名骡期。随后相习已久，现银虽废，而骡期仍存。计年十二月四标之外，共有八骡，往来交易，远期者按标归结，近期者按骡结算”。**粮标**，即粮食标，使用范围不广，在金融中心太谷粮标的确定，以20天为一期，货币清偿和利率的计算，也以20天为期限。

王子于错金鸟书戈
长24.5厘米。

大德恒 50 两银元宝

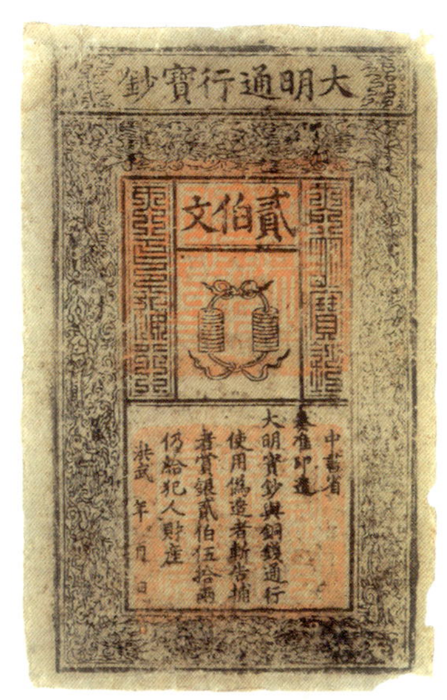

明宝钞

季标与骡标、粮标。

当山西商人创办账局和票号后，与上述结算期相适应，对工商业放款就实行镖（标）利。清代到民国，山西票号、钱庄、账局等银行业对外放款期限是按镖（标）期确定，那么，其利息计算也与镖（标）期挂钩，叫做镖（标）利。通常有无息借垫、满加利、长年利和月息几种情况。

**表 3-2 太汾两府和东西两口各镖期表**

| 镖别 | 张家口镖期 | 归绥镖期 | 太原府镖期 | 太谷镖期 | 太汾镖期（祁县、平遥、汾阳） |
|---|---|---|---|---|---|
| 春镖 | 2 月 4 日 | 2 月 20 日 | 3 月 3 日 | 3 月 8 日 | 3 月 12 日 |
| 夏镖 | 5 月 6 日 | 5 月 15 日 | 5 月 29 日 | 6 月 3 日 | 6 月 7 日 |
| 秋镖 | 8 月 1 日 | 8 月 16 日 | 8 月 24 日 | 8 月 29 日 | 9 月 3 日 |
| 冬镖 | 10 月 30 日 | 11 月 15 日 | 11 月 19 日 | 11 月 24 日 | 11 月 29 日 |

注：根据黄鉴晖的《明清山西商人研究》整理。

# 第四节　服务票号　酌盈济虚

直至19世纪初期，在票号产生之前，埠际间的货币清算依旧沿袭着起镖运现的方式，商人异地贸易所进行的现银调度大多由镖局完成。票号产生后，以其“省路费、免转、防劫失，一举而三得”的优势，汇兑成为商家异地现银调度和埠际间货币清算的最好形式，汇兑这一形式使得异地之间运现规模大大减少，对镖局形成很大的冲击，然而镖局并没有退出历史舞台，因为这时候异地运现仍然是必需的，只不过这时镖局运现更多的是与票号的活动相联系。

关键词：现银调度　稳定金融市场

## 一、图谋高息

表3-3为道光二十四年（1844年）由京向苏起镖运现表，可见镖局运现数额之巨大。黄鉴晖先生在《山西票号史》一书中，解释票号通过镖局如此大规模的运送现银的原因时，认为是为了图谋高息，并且推断说这可能是每年

> **延伸阅读**
>
> **满加利**，商号和住户在金融机构的浮事，如果遇到季镖、骡标，本商号存款不足支付，必须向金融机构借用银两，此时利息较高，要在既定的银两借贷利率基础之上临时议加若干，谓之满加利。

算盘

古代社会的重要计算工具。

都有的情形。这一说法，有一定的道理，因为1844年8月20日，北京利率为四厘七五到五厘，此时苏州则涨至七厘，而且行情看快，于是票号在京分号从北京往苏州通过镖局运现。

表3-3 道光二十四年（1844年）由京向苏起镖运现表 单位：两

| 由京起银日期 | 票号 | 银两数及其他 |
|---|---|---|
| 9月10日 | 日升昌 | 七万四千两 |
| 9月18日 | 日升昌 | 八九万两 |
| 9月27日 | 蔚丰 | 七万余两，镖车三辆 |
| 10月5日、10月6日 | 志一堂 | 七八万两 |
| 11月28日 | 蔚泰厚 | 五万六千五 |
| 12月8日 | 日升昌 | 八万余两 |
| 合计 | 约四十三万五百两 | |

## 二、弥补汇兑缺陷

表3-4 咸丰元年（1851年）和咸丰二年（1852年）由京向苏起镖运现表 单位：两

| 由京起银日期 | 票号 | 银两数及其他 |
|---|---|---|
| 9月7日（1851年） | 日升昌 | 十来万两 |
| 9月18日（1851年） | 汇园庆 | 八万两 |
| 10月20日（1851年） | 汇园庆 | 十来八万两 |
| 10月26日（1851年） | 汇园庆 | 十万八千两，各地来镖七八十万两 |
| 11月22日（1851年） | 汇通源 | 九万两 |
| 2月29日（1852年） | 汇源庆 | 五六万两，尚在黄货五七百两 |
| 3月8日（1852年） | 会通源，聚发源 | 二十余万两 |
| 4月16日（1852年） | 汇源通 | 十一二万两 |
| 4月23日（1852年） | 汇源庆 | 六七万两 |
| 合计 | 约九十万两（不包括各地来镖） | |

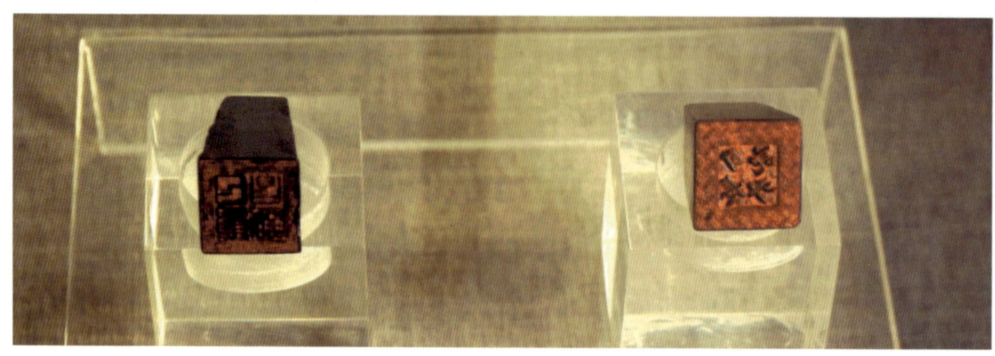

日升昌记图章

从1851年9月至12月，北京的利率为4厘，苏州的利率虽为5厘，但行情大部分为“迟”、“用主稀少”和“无甚用主”等，然而票号却依然大规模向苏州运现，第二年，从1852年2月至4月，苏州的利息保持在4厘的水平，京城各票号却仍然向苏州运银。图谋高息一说，并不能解释表3-4咸丰元年(1851年)和咸丰二年(1852年)由京向苏大规模起镖运现。要解释这一原因，需从票号汇兑的缺陷说起。

票号汇兑也有其缺陷，可能引起某一地区的金融波动，票号作为专营汇兑的金融机构，必然对各地的金融市场产生一定的影响，影响各地利息率水平，早在18世纪20年代，江苏巡抚陶澎就在奏折中对苏州市场的银根松紧与各地客商及汇票关系做过研究。理论上讲，当某地的汇出数额大于汇入数额时，现银紧缺，利息率上涨，银贵钱贱；当某地的汇出数额小于汇入数额时，现银不紧缺，利息率下跌，银贱钱贵。从而引发金融市场的波动。但汇出数额和汇入数额相差巨大时，就可能引起金融市场的

**延伸阅读**

江苏巡抚陶澎在道光八年(1828年)的一封奏折中就说:“苏城为百货之区，银钱交易，全藉(同‘借’)商贾流通。向来山东、山西、河南、陕甘等处每年来苏办货，约可到银数百万两，与市廛钱价相平，商民称便。近年各省商货未能流通，来者日少，银价增长。然每银一两亦不过值钱一千一百六七十文到二百文不等。自上年秋冬至今，各省商贾俱系汇票往来，并无现银运到，因此银价顿长，钱价愈贱，竟至每银一两易制钱一千二百八九十文到三百文不等。”(史若民、牛白琳，《平、祁、太经济社会史料与研究》)毋庸讳言，银贵钱贱，显然与汇票的使用是有关系的。

较大波动和不稳定。这或许是票号汇兑的一个缺陷。这一缺陷，可以由票号调拨资金通过镖局送现来弥补。在这一过程中，虽然运现的决定是票号作出的，但却是由镖局来实现的，所以说在当时的历史条件下镖局运现对相关地区金融市场的稳定起着一定的作用。从咸丰元年（1851 年）起镖到苏的现银可窥一斑。咸丰元年（1851 年），日升昌、汇园庆和汇通源就从京起镖运现至苏五六十万两，加上各地来镖七八十万两，共计将一百三四十万两现银投入到金融市场，这对苏州金融市场的稳定起到了重要作用。试想如果没有镖局运来的这么多现银，苏州的金融市场会发生什么状况呢？必然是银价飞涨，金融市场的大规模波动。

票号汇兑影响各地的金融市场，决定各地的资金紧张或宽松情况和利息率水平，而镖局运现则调节各地的金融市场，通过现银异地流动使各地的利息率保持一定的水平和一定的波动幅度，并使各地的金融市场相互联系在一起。镖局运现的决定是票号作出的，然而票号不会自己去运现，而是通过镖局来运现。票号是金融市场的参与者、影响者和调节者，镖局从严格意义上讲，从它的作用上看，不能作为一个金融机构，但却在金融市场上对各地金融市

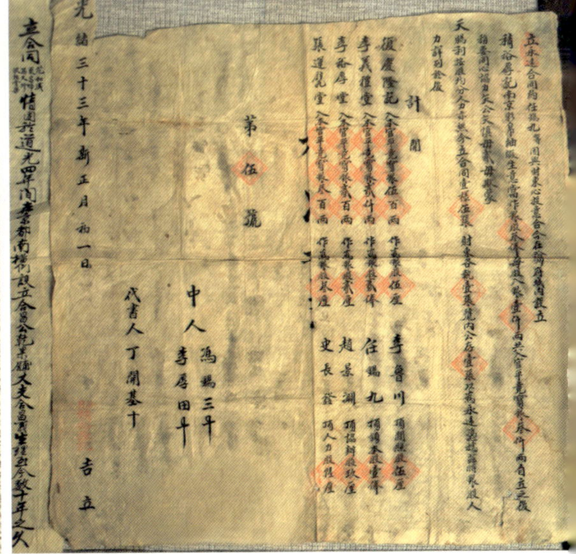


连桂渊记厘用钱牌和晋商合同

晋商用于买卖交易的信物和契约，可见晋商交易活动之周全。

场的调节起着不可或缺的作用。如果没有镖局，票号异地间运现的意图就不会顺利实现，各地的金融市场也不能有效地联系在一起，这时候票号的汇兑就可能引起一个地方、一个时期的金融市场的不平稳，票号汇兑的这一缺陷是由镖局运现来弥补的。

即使镖局向苏州运来这么多的现银，1852年6月7日，苏州的利率仍然从4厘涨至5厘，这是由于“新丝收成好，头蚕约八九分光景，二蚕尚未露头，水客安顿办买，各货提价”，可见，镖局运来的这些银两是用于各商家的商品交易的。对于各商家来说，异地间的银两可以通过票号来汇兑，但在某一地区，如苏州，商品交易还是需要用现银来支付的，所以票号各分号必须满足各商家持票兑现的需求。如果只有票号的汇兑，而没有镖局相应的运现，苏州的商品交易就会有巨大的现银缺口，从而影响商品交易活动的正常进行。

### 延伸阅读

**季标**，又称期标或小标，是由于商品在东口、西口销售，或者在东口、西口中转销售，由此发生的债权债务的银两清偿期限，一年之内分春、夏、秋、冬四次，称为春标、夏标、秋标、冬标。春、夏、秋、冬四标具体时间的确定，原则上每标为期3个月，具体日期并不是固定的。在清代，一般是由金融业行会与经营南方苏广货物的大商号共同协商，选择黄道吉日，确定具体日子。到民国初年，则由商会与各个行业共同议定。从西口到太原运标为20天，所以太原标比西口标迟20天，再迟5天是太谷标期。其他各地标期相隔天数，均按标车运送现银的时间而定。

## 三、酌盈济虚

镖局运现在票号正常运营中具有重要的作用。票号作为一家商业机构，通过镖局大规模运现，客观上固然能维护相关地区如苏州的金融市场稳定，但主观上也是必然如此的，虽然偶尔能图以高息，但更重要的是，通过镖局运现，对票号正常运营具有重要的作用。我们用表3-5的数据来加以说明。

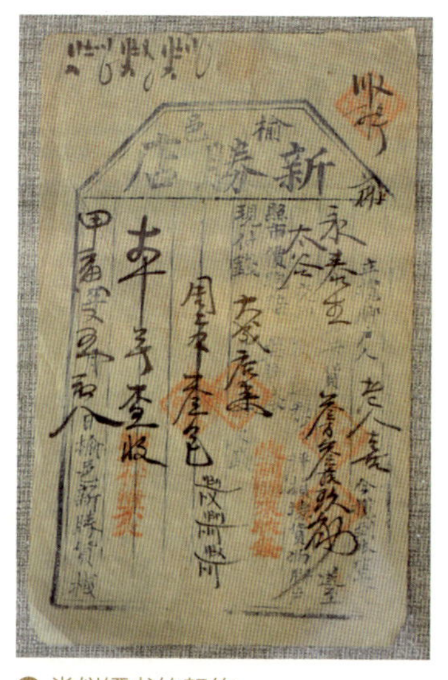

类似镖书的契约

此契约类似于现在的合同的作用。

表 3-5 各票号分号的收交汇和存放款统计表 单位：两

| 名 称 | 收汇数 | 交汇数 | 交汇减去收汇 | 年末存款 | 年末放款 | 放款减去存款 | 差额 =（交汇 – 收汇）+（放款 – 存款） |
|---|---|---|---|---|---|---|---|
| 蔚泰厚苏州分号道光二十七年（1847 年） | 211793 | 314192 | 102399 | 36053 | 80873 | 44820 | 147219 |
| 日新中京师分号道光三十年（1850 年） | 607460 | 425721 | −181739 | 36683 | 68649 | 31966 | −149773 |
| 日升昌张家口分号道光三十年（1850 年） | 124243 | 40121 | −84122 | | | | −84122 |
| 日新中京师分号咸丰二年（1852 年） | 606130 | 596471 | −9659 | 84976 | 49860 | −35116 | −44775 |
| 日升昌清江浦分号咸丰二年（1852 年） | 187597 | 188705 | 1108 | 13039 | 7500 | −5539 | −4431 |
| 日升昌江西分号咸丰三年（1853 年） | 181043 | 176870 | −4173 | | | | −4173 |
| 日升昌苏州分号咸丰六年（1856 年） | 153315 | 149892 | −3423 | | | | −3423 |
| 蔚泰厚沈阳分号咸丰八年（1858 年） | 553292 | 567726 | 14434 | | | | 14434 |
| 日升昌某地咸丰十一年（1861 年） | 172012 | 163059 | −8953 | | | | −8953 |

注：根据黄鉴晖的《山西票号史》整理。



表 3-5 中，蔚泰厚苏州分号 1847 年净交汇 102399 两，放款减去存款是 44820 两，两者相加共 147219 两。票号是从事汇兑的金融机构，而汇兑的银两是要最终交付给汇票持有人的，所以上述 147219 两现银是需要苏州票号交付给汇票持有人的，如果不能交付，则存在持票挤兑破产的风险，可是苏州分号从哪来那么多现银交付呢？苏州分号的资金来源一个可能是该分号的自有资本，但如此庞大的银两，单靠苏州分号的力量是无法支付的，所以必须考虑另一种可能，即从各地分号运现，只有这样，才能保持苏州分号的正常运营和苏州正常的经济活动。这种运现不是为了图谋高息，不是票号愿意不愿意的问题，而是为了票号的正常运营必须进行的。票号为各商号汇兑，但它自身却必须通过镖局运现。如果没有镖局的这种现银运输，就可能造成票号被挤兑破产，银贵钱贱，商品交易无法进行。票号在运营过程中“酌盈济虚”的含义当在于此。

镖局运现对票号的经营如此重要，以至于有的票号在开设的同时，也同时开一家镖局。著名的山西票号志成信的东家太谷县沟子村员家后人员文绣

镖局账房遗物
反映出镖局账房也是一个相对比较完善的会计机构。

在其回忆文章中说，清康熙十八年（1679 年），其先祖员成望创设志成信票号，“在太谷西大街设总号，随即在北京打磨厂开办了义合昌汇兑庄和志一堂镖局（也称隆盛镖局）”（孔祥毅，《镖局、标期、标利与中国北方社会信用》）。

上述分析表明，蔚泰厚苏州分号 1847 年的镖局运现是必需的，但是否每年都需运现呢？哪些分号需要呢？由于史料的缺乏，我们不能给出一个明确的答案，但是却可以对镖局运现的条件、数量和方向进行分析，假定：1. 各票号各分号的自有资金保持不变（这是由于各票号根据多年的经营经验，理论上能够使自有资本的规模保持在一个较稳定的水平，以用于日常的、零星的交汇和放款业务）。2. 当地的各票号和其他各金融机构间不进行资金融通，那么当表 3-5 中差额不为 0 时，镖局运现就会发生，数量即为差额的绝对值，方向为从正值所在地到负值所在地。运现数量可以用一个公式来表示，运现数量 =（交汇 − 收汇）+（放款 − 存款）。这仅是一种最简化的理论上的分析，但是可以看出，是否起镖运现，也即镖局的业务是与当地的票号经营状况及金融机构间的资金融通状况相联系的，当金融日益发达的时候，镖局的业务与规模也必然受到影响。

# 第四章

## 走镖保障　义无反顾

镖局自产生之时起，就成了具有独立经营性质的行业，习武练功、行侠仗义和经商挣钱、养家糊口第一次有了完美的结合，各地武术家纷纷进入镖局，逐渐形成了一个以习武者为基础的、有严格行业规范的集团。这个集团既具有类似江湖帮派的性质，又是商业经营的实体。

“走镖全凭志向高，走遍天下称英豪。走镖江湖要得知，吃得英雄饭，穿得豪杰衣，骑着白龙马，手使方天戟，遇敌能抵挡，不怕歹人欺，言罢一息刚强在，话而出口贵成章。（清·佚名，《江湖走镖隐语行话谱》）”，走镖可是“将脑袋系在裤腰带上”的生意，没有几把“刷子”，是不敢走镖的。

“未入江湖想江湖，入了江湖怕江湖”（万籁声，《武术汇宗》），江湖非同儿戏，是有特殊组织的，“其规条较法律尤为严厉”。行走在江湖之中的镖师也是血肉之躯，吃的是凶险饭，只有遵守江湖规则，才有可能实现平安无事。因此，每一个准备走镖的镖师都必须懂得一个原则，掌握两种技能，结交三类朋友，落实四项保障。只有做好了这些，才能义无反顾地走在镖路之上。

“十年可中一秀才，十年难学一江湖”，要想成为一位好镖师，殊不易也！

# 第一节　武技隐语　走镖法宝

镖由侠来，正是侠义文化中伦理道德标准的约束，才能有镖局在、有镖师在。虽然走镖是安身立命、养家糊口的生意，但“以武行侠”也是分内之事，是镖师走镖必须遵守的原则。故而镖师走镖时遇到不平之事，一定要伸手助之。

关键词：武术技能　江湖隐语行话

镖师是一个可以将武术技能转化为商业技能的行业，镖局解决了武术家习武兴趣和生存之间的矛盾，使习武者不再是武术上的强者和生活上的弱者，镖局为习武者提供了一个可以堂堂正正习武的理由和凭借武术安身立命的体面工作。但要成为一个镖师，只有武术却是不行的，需要具备两项基本能力。

## 一、艺高人胆大，纵遇猛虎也不怕

武术技能是镖局之镖师最基本、最重要的技能之一。带有巨大财物的镖局车队、囤有巨资的商业场所、富可敌国的家宅住所，必然会有一些宵小之徒窥探，不免会出现偷、盗、抢、赖、仇人纵火等各种防不胜防的隐患。镖局中的拳师若无真正的武术技能，又怎能实现镖局之职能？作为镖局中的镖

信　房

信房：是镖局的文牍机构，设信房先生1人，誊录1-2人，主要负责镖局的收寄信件业务及文稿处理。

Mail house. it is the document administration institution. There is usually 1 document officer and 1-2 copier hey are mainly in charge of receiving and delivering mails of the armed escort anddealing w:th documents.

镖局信房

镖局与外界交流的一个重要部门。

镖银

师，必然要承接这些危险隐患的洗礼。否则，劫镖的一来，丢镖就跑，还会有商人让你保镖吗？从清末“会友镖局”的镖师李尧臣所作的《保镖生活》中可以得出镖局需要掌握的武术技能（见表 4-1）非常多，有拳术、器械、暗器和其他技术四类数十种之多。

**表 4-1　李尧臣所学武术技能统计表**

| 拳　术 | 器　械 | 暗　器 | 其　他 |
| --- | --- | --- | --- |
| 太祖拳<br>三皇炮锤 | 六合刀、大枪<br>分水搅、雁月刺<br>峨嵋刺、梅花状元笔 | 飞镖、紧背花装弩<br>飞蝗石子 | 飞檐走壁，蹿房越脊<br>车战、水战、步战、马战 |

在这四类中，最重要的还是拳术与器械，这是一个镖局中镖师行走江湖的最大法宝。山西镖局作为镖局中最重要的一支力量，凭借的就是一身过硬的本领。综合各种史料，找到与镖局有关的山西的武术家、武术门派有数十种之多。

（1）形意拳（心意拳）

形意拳是我国著名内家拳拳种之一。形意拳原名心意拳，由明末清初山西蒲州（今永济）人姬际可，脱枪为拳，创编而成。后几经周折，传给山西戴龙邦（又有称戴隆邦）与河南马学礼。戴龙邦为心意六合拳序，并创造鼍、鲐二形，成为心意拳北派之祖。他在乾隆十五年作的《心意六合拳》是研究心意拳不可多得的资料。雍正五年（1727 年），清政府下令禁武，戴氏返回故里。心意拳成为戴家家拳，戴氏在家乡潜心研究心意拳，但绝不外传，对内只授子侄及内亲，故有“只见戴家拳打人，不见戴家人练拳”之说。戴龙邦之子戴文雄得其父真传，以保镖为生，声震武林，闻名遐迩，是嘉庆、道光时期最为著名的心意拳大师。道光十六年（1836 年），

戴氏心意拳

研究心意拳和镖局不可多得的资料。

◎ 形意拳
（毛明春）——钻拳

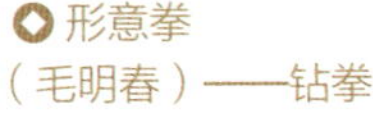

◎ 形意拳
（毛明春）——崩拳

◎ 形意拳
（毛明春）——龙形

直隶深州（河北深县）人李洛能（即李老农）因久闻戴文雄大名，变卖家产，别离故土，千里迢迢来到山西祁县小韩村，一心要投师戴氏学习心意拳，但戴文雄受其父临终嘱托——心意拳绝不外传，遂拒绝李氏。李洛能并未灰心，以租地种菜为生，每日往戴家送菜，常年风雨无阻，不取分文。戴母感其心诚，为其所动，命其子文雄传授心意拳于李洛能。戴文雄遵母命于道光十九年（1839年）正式收李为徒，传授心意拳。李聪颖勤奋，深得此拳之道，学武出师后，又随师从事保镖业五年，于道光二十九年（1849年）接受太谷县城富商孟綍如之聘，到孟宅担任护院拳师。期间，孟綍如亲自介绍车毅斋、贺运亨、李广亨等拜李洛能为师学艺。据《形意拳术探微》记述："当时，车毅斋为武柏年家车夫，贺、李为商号伙计。曾祖父（孟綍如）还亲自与他们的主家说妥，每日早晚到我家练拳。"咸丰六年（1856年）李洛能征得师父戴文雄同意，收太谷车毅斋为徒，将心意拳"五行六象"悉心授予弟子，同时将武艺传给孟綍如。

车毅斋拜李洛能为师后，不断进取，刻苦练功，并得到师爷戴文雄的亲授，得益匪浅。车经常与师傅李洛能、师弟贺运亨、李广亨、弟子李复祯等一起切磋武艺，此期间通过对心意拳谱的研究，认为心意拳实际和我国汉字一样，有象形取意之意，拳谱中也有“心意诚于中，肢体形于外”的论述，故认为改名形意拳比心意拳更合乎实际。于是，对心意拳术有所改革创新，在桩功和步法上作了重大修改，一改心意拳的“子午桩”（又称“三才势”）为“三体式桩功”，二改心意拳的“弓步”为“坐银剪步”，后改称“形意半马步”。同治五年（1866 年），洛能师徒创编了第一套形意拳对练套路，即“五行生克拳”，从此自成一路拳术，有了形意拳。形意拳以三体式为基本桩功，以五行、十二形为基本拳法，以阴阳五行学说为其拳理，“远取诸物，近取诸身”，“象形取意，取法为拳”，讲究“心意成于中，肢体形于外”。此拳刚柔相济，内外相合，形神并练，内外兼修。其动作具有简捷朴实，动静分明，动作严紧，手脚合顺，身正步稳，快速整齐，劲力充实，稳固沉着等特点。时至今日，形意拳仍以其独特的魅力流传于山西各地。

### （2）弓力拳

弓力拳是以弓之一背一弦为理，一张一弛送箭离弦之特点而闻名的。弓力拳有的也称公立拳。

据初步考证，弓力拳是山西省榆次市东阳镇人赵莲所创。赵莲字晋聘，



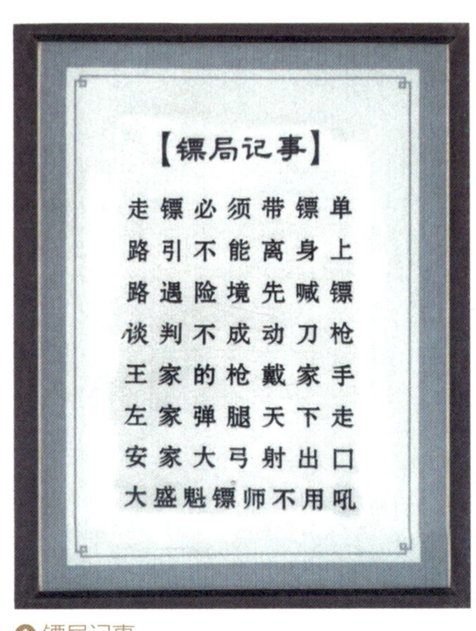


镖局记事

弓力拳

生于 1657 年，卒于 1748 年，从小喜文善武，曾官居湖北省江临县正堂，花甲之后归里，集诸家之长，创弓力拳。现已七代。弓力拳长期以来受“家传不外”的影响，使其发展受到一定限制，在第四代赵大根为给其子赵培信伴学，才传给本村安晋源（又名鼎世），清光绪年间，安在河北省张家口开设“三合镖局”，广交武林好友，遂将此拳传播。

弓力拳（薛永兵）——提膝亮掌

弓力拳基本属于“内外合一”、“手眼身法步、精神力气功”高度统一的内家拳种。它博采众门之长，在历代传播发展中形成了自己的特有风格，从演练中或是技击、散手中都可以看出，它既有太极拳的粘绵柔圆缠丝劲，又有少林拳的闪展腾挪、抡扫甩跌冲撞劲，还有鹰爪、罗汉的擒拿点穴、分筋错骨、拧扭抠掐、别拨劲等等，古拳谱对弓力拳的风格特点作了这样的概括：“身似弓弩、手似药箭，蓄力拉弓、发力射箭、弹力抖劲，巧使妙变、一动百动，六合并现，四肢配合，起伏连贯、刚柔相济、缓急如意，手到眼到、心意一气，刚而不滞、柔而不散，缩身屈膝、芒肘掩肋、伸展串旋、手足并连，起横落顺，宜进斜用，动中求静、静中求动。”

### （3）洪洞通背拳

洪洞通背拳是一种古老的传统拳种，讲究“腰背发力，放长击远，通肩达背”，故名通背拳，在我国武术史上占有一定的地位。此拳以巧力胜人，要求身手灵活，主张侧身进攻，“横身进则臂见短，侧身进则臂见长”。讲究“随意而行，

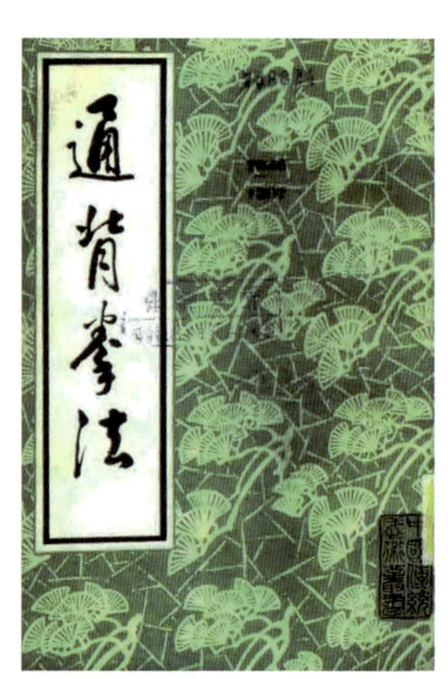


通背拳法

洪洞通背拳（薛永兵）——下劈掌

洪洞通背拳（薛永兵）——黑虎掏心



随力而走，取之以力，用之以力，空而不空，不空真空，动而不动，不动真动”。通背拳名家贺繁英曾任某镖局镖师，在西北一带名声显赫。至清末，通背拳已流传于全省各地，此外在相邻各省均有传练。另据初步考证：明洪武五年（1372 年），陈氏太极拳始祖陈卜由山西洪洞县迁到河南陈家沟传授拳术，后来陈家沟遂成为太极拳的发源地。而在洪洞流传下来的拳术，演变为通背拳，流传至今，习者颇多。据查陈氏太极拳和洪洞通背拳的拳经总谱几乎完全一致，而且在理论和动作名称方面也有许多相似之处，因此推断两拳的渊源关系应当是很密切的。至今洪洞仍有通背拳的传人及众多的习练者。

（4）绵掌

绵掌亦称连环绵掌，手法以掌为主，运转舒展如绵，动作连而不断，掌法运行成环，延伸己手，随对方之劲柔化绵而进，故名绵掌。明代戚继光《纪效新书》中的《拳经捷要篇》载，“吕红八下虽刚未及绵张短打”。其中“绵张”即绵掌。

老拳师在接绵掌

山西省文水县孝子渠村人左昌德，绰号“左二把”，跟随河北沧州人外号叫“长眉老道”的张德茂（其外祖父张景和人称神拳教习，康熙间名拳师）习练绵掌，一练就是八年，武功已到炉火纯青的程度，经长眉道人张德茂介绍到苏州开设玉永镖局，第二年改为昌隆镖局。从此，左二把开始了保镖生涯，走遍大江南北，历三十余载，其间左子安民，左孙秉信都跟随他习武保镖。时山西省灵石县坛镇村的续仁政慕名拜左为师，随左孙一同习武保镖；山西省平遥县南良庄人王正卿亦是著名镖师，因失镖找左二把帮忙，遂成八拜之交，正卿比左大五岁，王为兄，左为弟。他们经常切磋武功，相互交流。正卿也练绵掌、弹腿等。左也学大枪信拳等。至今北京有左家腿、王家枪之说。

绵掌（郭凌宇）——斜门肘

绵掌（郭凌宇）——上托掌

短拳（姚宝珍）——斩手炮

短拳（姚宝珍）——托肘撅胯



同治年间左弃镖局生涯归返山西文水故里，教拳为生。同时期，在文水精通绵掌和弹腿的还有另一著名镖师康有金，其品德高尚，武艺高强，门徒众多，影响广泛。他传下来的康家拳与左家拳在传统长拳中平分秋色。（见《文水县拳师录》，如图“老拳师在接绵掌”是康有金之孙康锡安和他的徒弟在接绵掌）

绵掌分四折、八手、三十六招，它按照擒拿、格斗的要诀编成，招招进手，必有所获。因此，绵掌练成后，重点在于散手实践，这是因为绵掌本身手法、身法、步法丰富，可以演变出许多散手招数。绵掌注重身手合一、以意领先原则，练起来要求气沉丹田，进则如猛虎扑食，退则如乳燕归巢。

### （5）短拳

短拳又称短打拳，绵张短打，是一个较古老的拳种，较早的记载见于明代戚继光所著的《纪效新书·拳经捷要篇》中。

清雍正年间，山西太谷县北郭村人智勇在福建经营油坊生意，娶妻福建人，会二十四排短打拳和二十四进短打拳，套路短小精悍，每进只有三两个动作组成，手法紧凑，技击性强，每排可单练，可对练。后返山西太谷，教子智耳。乾隆年间再传智璋、张林祥，张于乾隆辛未科荣中武榜眼。嘉庆年间传智庆。智庆妻南方人，时在河南怀庆府设镖局任镖师，传人较多，八旬返乡。

短拳结构紧凑、手法敏捷、干脆利落、多爆发力、技击性突出，给人一种精神饱满、强悍有力、势如破竹的感觉。

### （6）柴氏同备拳

柴氏同备拳系柴氏家族中的内传拳术，至今已有二百余年的历史，是古老拳种之一，也是深藏已久的稀有拳种之一。据今所考，柴氏同备拳系由山西省河津县吴家关村现代拳师柴印廷之鼻祖——柴文魁先生所传。柴文魁，生于清乾隆五十三年（1788 年），卒于同治二年（1863 年）。曾任职清朝武官。武功纯青，身怀绝技，技艺已达上乘境界，为一代武林之佼佼者。由于其技艺超群，故曾获皇封“武法骑尉”之荣匾。至道光、咸丰年间，又有文魁之族侄柴甫仁，承袭其家传技艺，也曾任清朝一代武官，且获得皇封“武略骑射”之匾（现其家仍存有皇赐的“大圆伞”一把、“军冠”一顶等物）。柴甫仁同治十年卒后，复有甫仁之族侄（文魁之孙）柴国栋继承家技。但国栋轻于功名，一生不愿为官，专以习武授徒为娱，故破陈规、除旧习，收授外姓门徒，时有原河津县通化村（现划归万荣县管辖）人李春荣，拜国栋为师，精研苦习柴氏同备拳术，后曾中得“武进士”。春荣之后又授徒杨武侠（原河津县上井村人）、张武侠（河津县南午芹村人）。杨、张二人得到技艺之后，皆成为

柴氏同备拳（高明）——绝后腿

柴氏同备拳（高明）——定心肘

武林高手，后任皇宫慈禧太后之侍卫。国栋之后，有其族侄柴笃信（生于清道光二十六年，卒于民国十九年）继承家技，中得“武举”。笃信之后，又有其族侄柴春荣（生于咸丰八年，卒于民国二十二年）承袭家技，在河南陕西一带走镖，名震声威。后镇守大同有功，被封为“军功五品”之职。至柴清（春荣之子，生于光绪二十三年，卒于 1978 年），仍身怀绝技，横闯南北，后被聘于军中任武术教官。

柴氏同备拳，一重练功，二重技击，并无单练套路。该拳是介于内、外两家之间的一个拳种。它采纳内家之气，吸取外家之力，博采众长，独成一派。讲究意气相随、气力相合，求其气至力达，终归内外合一。在练法上，又讲究势大步宽、放长击远、长短并用、刚柔相济、闪展腾挪、虚实兼备、伸缩吞吐、起伏转折、灵活迅猛、协调连贯、攻防严密、刚劲有力。练习时，要求头似顶灯，项如鸡斗；眼须灵活，洞察前后左右；腰须灵活而中正，似滚盘之珠；手有刁拿扣领，足有钩挂连环，身有依靠挤撞，步有横顺斜直，起足如猫行，落足如巨石，出手如闪电，起伏如蛟龙，先行顾法，后发制人。



### （7）鹞鹰拳

鹞鹰拳原名鹞鹰连环手，为临猗县镖师曹振华所传，曹从学于河北直隶

鹞鹰拳（高明）——盖步打阴

鹞鹰拳（高明）——马步点腹

鹞鹰拳（高明）——刁手掏腮

信拳（郝晓光）——盈头势

信拳（郝晓光）——单汝剑

信拳（郝晓光）——鬼扯状



傅殿文。鹞鹰拳分三趟，第一趟为钻捶扑面爪主攻上部。第二趟为点捶窝心爪立攻中路，第三趟为刁手打阴爪主攻下部。两个手法为一个连环，有节奏地进行。现演变为出手便是一组手法（连珠炮手法），进攻时多用拳击掌戮，回手变为鹰爪抓拉，两手密切配合，互为攻守。同时，又模仿了鹞鹰振翅、搏击、探爪、抓物等象形动作，编写了鹞鹰连环两个小套路和一个由五十多个动作组成的鹞鹰拳套路。

鹞鹰拳动作矫健勇猛、手法密奇多变，出手拳掌戮，回手鹰爪抓拉，两手密切配合，前后互为攻守，先封而后打。

（8）信拳

信拳因出于少林禅门，故曾名二郎神拳、二郎禅拳、禅拳等，至清咸丰年间始定名为信拳。禅为梵语，就是静虑的意思，即禅修也。信为信义，信仰之意，故易名

鞭杆（邵建功）——弓步压

为信拳。此拳共有系列套路八趟，它是流传在山西省平遥县、文水县一带的一个稀有拳种，已有 160 多年的历史。信拳究竟创始于何人，尚待继续考证。现有文字记载的只能从河北省永年县的贾殿魁先生说起。道光初年，山西省平遥人王正卿在北京面铺学生意压面条，常用压面杆代替花枪舞弄，并向当时北京武术名家大枪刘学习六趟大枪，大枪刘爱正卿为人正直，练功勤奋，乃介绍正式拜贾殿魁先生为师学习信拳，贾与刘为师兄弟，据传贾曾教过道光皇帝一年。正卿学到信拳后，如获至宝秘不传人，与其子保镖五十多年；同时期，文水拳师康有金赴京拜师学艺，学得了信拳并勤加练习，为其日后为乔家、曹家保银镖起了很大作用。

（9）鞭杆

清代山西商路茫茫，偏僻艰险，习武成了商帮必不可少的生存技能。然而刀、枪、剑、棍既不便携带又容易惹人注意，所以山西人利用随身携带赶车用的短棍创编成拳，形成了山西特有的地方拳械——鞭杆。

鞭杆是山西民间传统武术中的一种拳械，在全省各地均有流传。鞭杆亦称短棍，长 1.2 米左右或为本人手握的十三四把左右。鞭杆短而无刃、无锋，梢把并用，单双手互换，它吸收和综合了武术长短器械的多种运动方法，衍变出独特的运动风格。在技术上攻防兼备，灵活多变，方便实用，形式多样。

鞭杆（邵建功）——提膝上抽

鞭杆（邵建功）——提膝下截

演练时要求“鞭贴身，手沾鞭，走鞭换手务须干净利落，身械协调相随，切忌拖泥带水，手眼身法步融为一体，协同动作，完整不懈”。技击时要求“乘人之势，借人之力，出势要伸屈自如，劲力刚柔相济，动作要声东击西，进退要虚实随机”，强调“勿使笨劲，勿用蛮力，不即不离，灵活敏捷”。

鞭杆在山西流传非常广泛，内容极其丰富。据山西大学的毛明春教授考证，晋北繁峙有八仙鞭、36 鞭、32 手螳螂鞭和梅花十字鞭，灵丘有三才鞭，代县有 12 手鞭，应县有 15 手鞭，怀仁有 24 鞭，定襄有尺八鞭、36 鞭，太原有驼骡鞭、13 鞭、舞花鞭，榆次有盘龙鞭，寿阳有 63 鞭，平遥有八合鞭，灵石有乱马撅六趟，洪洞有子母顺手鞭，运城有纽丝鞭，晋东南沁县有齐眉鞭、九连环鞭、驼骡鞭、七星鞭等。

## 二、要会江湖口，走遍天下有朋友

镖局千里走镖，实际上吃的是“江湖”饭。“江湖”自有“江湖”的规则，



晋商院落旧址

“江湖”的行事。在“江湖”中，你可以没有技术，但决不能不懂江湖隐语行话。所谓江湖隐语行话，即民间秘语，是某些集团或团体为维护内部利益、协调人际关系的需要，而创建、使用的一种用于内部言语交际的，以遁词隐义、谲譬指事为特征的封闭或半封闭性符号体系，是一种特定的民俗语言现象。《太公兵法》(战国)为了教战将而将兵器冠以神名应为隐语之萌芽，三国王建(？—238年)为掩盖篡逆行动而用乡野俚语影射军事行为应为“江湖”隐语之始源。至清代时，各行各业都有自己的行规和切语，用以标明归属。隐语的内容很广泛，从人体部位名称到职业、生活中的衣食住行、礼节、交往等等应有尽有，几乎成为第二种专业语言系统。现存世的镖局隐语行话资料中就有当时抄传的《江湖走镖隐语行话谱》。

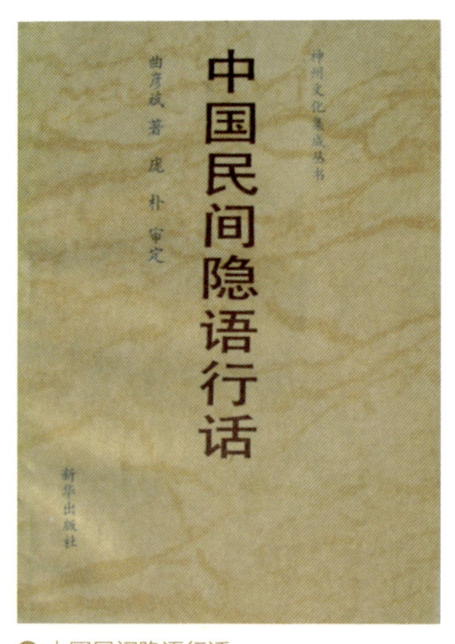

中国民间隐语行话

镖师走镖，吃的是“江湖”饭，武术技术只是其走镖的基本手段，只有掌握了行业用语(隐语行话)，才能够表明你是这一行业中的老资格了，才可以和有头有脸的盗匪论交情、谈朋友；才能够既有尊严、又不得罪盗匪；才会化干戈为玉帛，止戈休战。所以江湖隐语行话是镖师走镖时的必备知识。

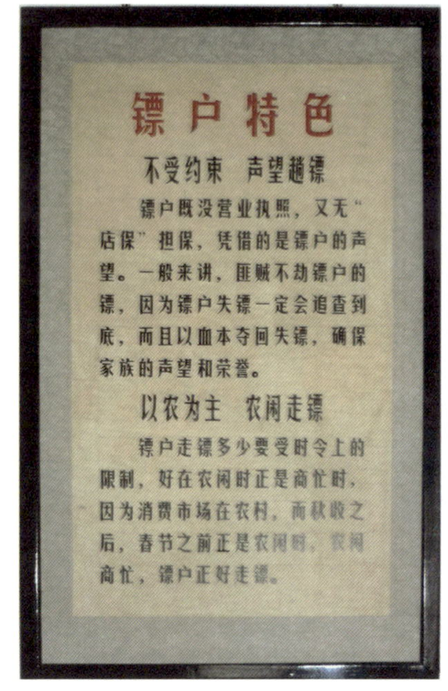

镖户特色

镖师护镖，看家护院，一旦发现前来行窃的盗匪，一般只采用行话隐语，将其

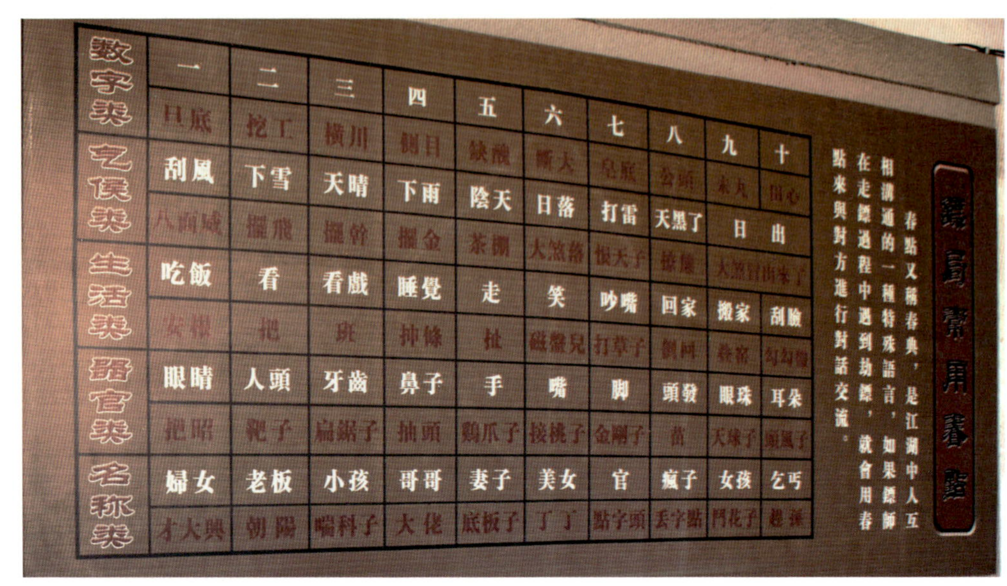


镖局常用春点



惊走即可，并不会冲上前去将其抓获，一来镖师并无义务抓贼，二来双方一旦动手，无论胜负都可能危及生命。所以隐语行话也是镖师护院的必备知识。

## （一）隐语行话的作用

镖局行业中的隐语行话主要是用来隐晦他人和协调人际关系的。镖局走镖，多处于闹市街面，自己人之间说话、交流不免被人听去，人多口杂，如不隐不蔽，则可能将重要的信息告诉别人，为盗匪留下众多的攻击线索，使用隐语行话，至少可以使普通人对自己的话摸不着头脑，避免失语；至于盗匪，毕竟是少数人，镖师可通过江湖经验辨别来避开有危险可能的人。对盗匪、镖局和相关行业来说，隐语行话是一个相对封闭的语言体系，只有掌握了这个语言体系的人才有资格进入这个行业，而在行业内

**延伸阅读**

《江湖丛谈》是我国现今仅存的一步客观而又比较全面地介绍江湖行当、行话和内幕的书籍，由评书艺术家连阔如（1903—1971）以云游客的笔名于 1938 年在北平《时言报》发表长篇连载，后由时言报社结集出版，共三集。其中第一章的“江湖之春点”是隐语行话研究的重要资料。

部，隐语行话又可以协调对立双方（镖师、盗匪）之间的人际关系。“镖行的行话，不仅是在同行之间应用，主要是和江湖上的贼人见面，必须用行话交谈。这种行话，我们叫做‘春点’，一般人就称之为‘江湖黑话’。镖行和贼打交道，首先得会‘春点’。彼此拉交情，镖行必须和气，光凭武艺高强，想制服他们，那还是不行。”（李尧臣，《保镖生活》）

### （二）部分隐语行话释义

镖局使用的隐语行话众多，从人体部位名称到职业、生活中的衣食住行、礼节、交往等等，应有尽有，主要有两种形态，一是语词形态，二是套语。

#### 1. 词语形态

语词形态的隐语行话主要包括人体器官、人称、职业、生活、武器等，

**表 4-2 部分词语形态的隐语行话**

| 人体器官 | | 职 业 | | 人 称 | | 生 活 | | 武 器 | |
|---|---|---|---|---|---|---|---|---|---|
| 常话 | 春点 | 常话 | 春点 | 常话 | 春点 | 常话 | 春点 | 常话 | 春点 |
| 头 | 瓢粑（把）子 | 走镖 | 挑竿、响卦 | 父 | 日宫 | 棉袍 | 大蓬子 | 洋枪 | 炉、喷筒 |
| 眼 | 招子或湖 | 坐镖（护院） | 蹲竿、内卦 | 母 | 月宫 | 帽 | 功子 | 长枪 | 长挑 |
| 手 | 抓子 | 江湖卖艺 | 撂竿、模杆 | 兄 | 上牌 | 鞋 | 铁头子 | 炮 | 大喷子、轰天 |
| 耳 | 顺风子 | 教场子的 | 戳竿、枝竿 | 弟 | 才子头 | 饭 | 汉 | 大刀 | 片子 |
| 男人的口 | 海子或江子 | 赶车 | 轮拖子 | 师 | 本 | 屋 | 窑子 | 小刀 | 青子 |
| 女人的口 | 樱桃子（女） | 卖武场 | 圈子 | 徒弟 | 利 | 住 | 杜 | 棍棒 | 蟠龙 |
| 腿 | 金杆子 | 商人 | 成破子 | 兵 | 令生 | 出门 | 出客 | 剑 | 桥板 |
| 肚 | 南子 | 风水先生 | 土彦子 | 武秀才 | 西魁生 | 走 | 攻 | 火药 | 狗粪 |
| 脚 | 踢杷 | 相面者 | 坐点 | 兵勇 | 柳叶生 | 路 | 线子 | | |
| 心 | 蚕子或定盘子 | 唱戏的 | 明条子 | 对别人尊称 | 老元良老夫子 | 飞墙 | 越马 | | |
| | | 轿夫 | 扛把子 | 表示谦逊 | 无有元良 | 因风紧而逃走 | 扯活 | | |

注：根据《江湖走镖隐语行话谱》整理。

其隐语行话释义见表 4-2。

另外，还有动物类、数目类、姓名类、天文地理类等等众多的隐语行话，几乎涉及生活的所有方面，在此不再一一列举。

### 2. 套话形态

套话形态的隐语行话主要包括走镖套话和守镖套话。走镖套话又分为情况通报和路遇盗匪。

走镖时，带头的镖师会对每一种路况或沿途情况采用“喊镖号”结合“行

**表 4-3 部分通报的隐语行话**

| 情况 | 春　点 | 情况 | 春　点 | 情况 | 春　点 |
|---|---|---|---|---|---|
| 房上有人 | 哈武，云片马撤着，哈武哈哈武 | 庙院墙 | 哈武，孤群麻 | 途中宿店 | 哈武，拿湾入窑了 |
| 胡同有人 | 哈武，袖里 | 道沟子 | 哈武，桶子里麻 | 进店看地方 | 哈武，八仙对摆了 |
| 往东看 | 哈武，倒念麻 | 河沟子 | 哈武，孤阴神堂麻 | 歹人来了 | 头位发现的喊“哈武” |
| 往西看 | 哈武，窃念麻 | 路有拾粪的 | 哈武，抢拿朋友，哈武，后边枪扛着 | 歹人来了 | 其余“哈武哈哈武” |
| 往南看 | 哈武，阳念麻 | 路旁一死人 | 哈武，梁子麻 | 一更 | 哈武，定更了，哈武 |
| 往北看 | 哈武，墨念麻 | 车后有人 | 哈武，扫倚麻 | 二更 | 哈武，起更了，哈武哈武哈哈武 |
| 出街顺道 | 哈武，顺线，一路跟帮去了，哈武哈哈武 | 路旁有人 | 哈武，冷子麻 | 三更 | 哈武，听更了，哈武哈哈武 |
| 坟地有树 | 哈武，丁林麻撤着 | 车走散了 | 哈武，前拢着、后目盯着，哈武哈哈武 | 四更 | 哈武，坐更了，哈武哈哈武 |
| 坟地无树 | 哈武，班丁一路麻 | 如有好人 | 哈武，乌鸦跟帮——溜溜乏了，哈哈武 | 五更 | 哈武，一齐坐更了，哈武哈哈武 |
| 土山子 | 哈武，壤子麻 | 见了歹人 | 哈武，雁子麻撤着，哈武哈哈武 | 起床了 | 哈武，各管其手了，哈武哈哈武 |
| 坟圈子 | 哈武，丁凛麻 | 推舟拢岸 | 哈武，打平登舟拿正了，哈武哈哈武 | 准备出发 1 | 哈武，请客押辕子，哈武哈哈武 |
| 砖窑 | 哈武，孤堆宣屋麻 | 提锚开船 | 提锚开槁支顺着，哈武 | 准备出发 2 | 哈武，当家各自着手了，哈武哈哈武 |
| 土坯 | 哈武，古排麻 | 过关 | 哈武，抖拦打锚 | 准备出发 3 | 哈武，一溜跟帮了，哈武哈哈武 |

注：根据《江湖走镖隐语行话谱》整理。

话”的形式来通知其余的人注意，同时，任何一位镖师遇到不寻常的情况也会采用相同方法通报，另外的镖师则通常会用“喊镖号”回应。常用情况通报行话见表 4-3。

走镖时路遇盗匪的套语行话有：(1) 镖师上前和盗匪谈话，拦路抢劫者问：“吃的谁家的饭？”镖师答：“吃的朋友的饭。”再问：“穿的谁家的衣？”答：“穿的朋友的衣。”(2) 如有绿林之人，镖师先说“前边恶虎拦路”；然后镖头说：“朋友闪开，顺线而行，不可相拦，山后有山，山里有野兽，去了皮净肉，是朋友听真，富贵荣华高台亮，各走各。”他再不走，又说，“朋友听真，我乃线上朋友，你是绿林兄弟，你在林里，我在林外，都是一家。”他若说“不是一家”，镖师则说，“五百年前俱是不分，是朋友吃肉，别吃骨头，吃着骨头别后悔。”他若还是不走，镖头喊“众家兄弟一齐打狗，哈武”，众家兄弟听见，答号“哈武，轮子盘头边托，器械着手一齐打虎”，将他们赶跑打散，喊“哈武，轮子条顺了，顺线一溜着手，哈武”(佚名，《江湖走镖隐语行话谱》)。从这些行话可以看出，镖师遇到盗匪，首先要表达彼此是一师相承，都是走“江湖”的，大家当以江湖义气为重。遇到盗匪，镖师虽然有些惶悚，但并非卑躬屈膝，一味乞怜，而是有见地地想方设法打开僵局，动之以情，晓之以理，不愿诉于武力，伤害了江湖义气，但一旦话不投机，镖师就得凭武功打跑对方了。

坐镖时套语行话有：护院的在屋里坐着，耳听外边有人扔砖瓦，出来看

走镖喊镖图

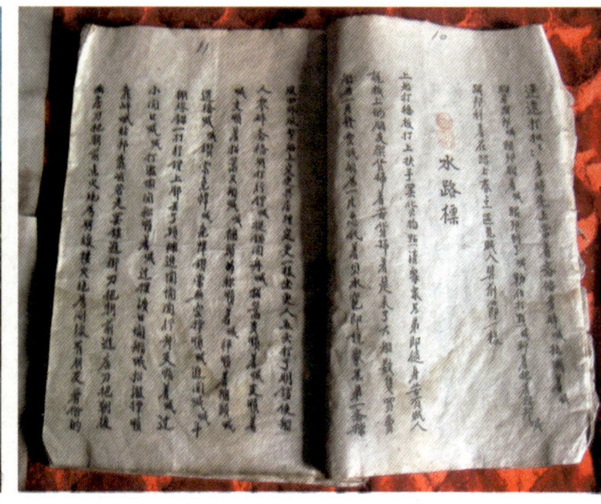

走镖心得

镖师练武的梅花桩

房上地下无人，“开口答话：‘有挂信池，拉杆靠山的，埝上有朋友，不必风摆草动；能可远采，不可近寻，埝上朋友听真，你若不仁，别说我不义，是朋友顺风刮去。’歹人说：‘你靠的是哪座山？’我答：‘我靠的是四大名山。’他人问：‘哪四大名山？’我说：‘朋友义气为金山、银山，我看朋友重如泰山，相会如到梁山。’又问：‘你守的是什么海？’‘我守的是江湖大海，与朋友交和为四海，此为坐山守海者，他人若是江湖路的朋友，顺风刮去，必不在此寻找，若不是江湖埝上的朋友，必在此寻。你为那，你可别说我不义了。依我说，趁早刮去，免得皮肉受苦。若是不走，定要在此说，再想要走，寸步难行。倒念有青龙，窃念有猛虎，阳念有高山，墨念有水如大海。上有罗网，下有众家弟兄，一齐动手将你拿住送到当官，可别后悔’”（佚名，《江湖走镖隐语行话谱》）。

# 第二节 人在江湖 身不由己

具备了可以威慑盗匪的武术技能和行走江湖的隐语行话，就具备了成为镖局之镖师的基本能力，可成为一个合格的镖师了，但仍不能成为一名可以开办镖局的镖头。作为镖局中众镖师的头领，镖头不仅要有很强的武术实力，可以威震八方，还要有谦和礼让的性格，更要有极佳的社会声望和强大的社会背景。必须与官为熟友、与商结盟友、与匪是朋友，才能实现顺利走镖。

关键词：江湖背景 商业信誉 江湖义气

## 一、与官为熟友

云游客在其所著《江湖丛谈》中对镖局开张写道：“在那个时代开个镖局子也很不容易。头一样，镖局子立在哪省，开镖局子的得在这省内官私两面叫得响，花钱雇用真的有能力的教师充作镖头。没做买卖之前先下帖请客，把官私两面的朋友请了来，先亮亮镖，凭开镖局的那个名姓就有人捧场才成哪。若是没有个名姓，再没有真能力，不用说保镖，就是亮镖都亮不了。”

江湖丛谈

从中不难看出，镖局要想开张做生意，除了具备武术技艺和江湖经验之外，镖头还必须有社会地位和后台靠山。清代对武术的管制是极其严格的，清政府禁止民间习武，更不允许民间存置各种兵器，连武术教师传授棍棒拳术等也必须有豪绅巨贾作保。而在天子脚下的北京能够有众多的镖局和众多的枪支，充分说明镖局之镖头有强大的社会背景。“考创设镖局之鼻祖，乃系清乾隆……山西神拳无敌张黑五者请于达摩王，转奏乾

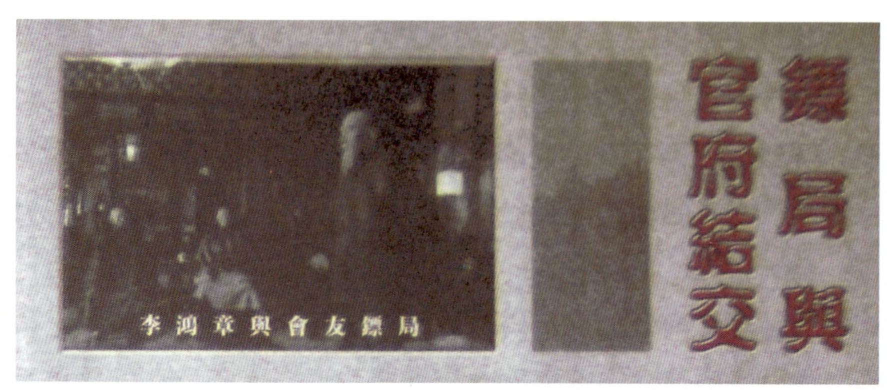


镖局与官府结交

隆，领圣旨，开设兴隆镖局于北京顺天府前门大街”，说明镖局刚产生就被清王朝认可了，甚至都和清最高统治者有些联系，如据传山西平遥著名的镖头王正卿是道光皇帝的结拜兄弟（虽其传说不一定可信，但镖局试图和清王朝统治者攀上交情却一目了然）。而清末的会友镖局则有直接的后台老板，“镖局有后台，我们称之为大门坎，也就是当时在朝廷最有势力的大官。比如会友镖局，后台老板当时是李鸿章，他算是会友的东家，可是也不用他出资本。因为会友派人给他家护院守夜，拉上了关系，就请他当名誉东家”。镖局与官的关系很近，不仅使镖局走镖时多了许多地方官吏的照顾（有的地方官还可能指望镖师帮其在“李大人”面前美言几句），相对地安全了许多，最少也不会怕“官匪”了；而且依靠在大官名下，可以获得很多生意上的便利。

同时，镖局也从事着官不能做、不方便做的事，是官的保护者。“那些走马上任的官老爷（卸了任、发了财的更不消说了），也得请求镖局沿途保护。最后，连地方官运送晌银和各种款项，没有镖局随同保护，也休想平安无事。”这些事实都说明镖局对官而言是非常必要的。

## 二、与商结盟友

镖局产生之目的即为商人服务，商人实际才是镖局的真正衣食父母，商人也依赖镖局以保障经营、人身的安全。中国自古就有重儒轻商的思想，商人始终生活在经济的高端、社会地位的底层。社会地位低下，政府不重视，使经商中遇到的诸多困难都需要自己去克服。虽然政府也在安保设施方面进行了投入，并允许商人雇巡役保卫财物和人身安全，但其目的只是为其社会治安角度考虑，并非是专门为商业运输提供安全保障。

由于镖局解决了商人的安全问题，使商业经营得以顺畅，所以镖局与商之间是良性互动关系，镖局离不开商，而商也离不开镖局。故而镖局与商之间进行生意往来时，镖局十分注重商业信誉，为商人的“镖”尽心尽力，全力以赴，甚至不惜生命，如李尧臣在《保镖生活》中描述“镖虽没出事，可是我们师兄弟里死了张华山、武宪章二人”。而商人对镖局也是礼让有加，并不因为是出资者而居高自傲，对镖局为其护“镖”非常感谢，将对方付出的劳动报酬称为“镖礼”，极为尊重。

同时，镖局虽说只能算是清代商业中的服务业之一，但实际也是清代众多商业经营中的一种经营方式，镖局同时也是商业，商业所具有的一切特征镖局都具有，而且镖局在当时的生意还相当火爆，“每当过镖，运载现银的镖车到达……赶车人高扬长鞭，人欢马叫，高喊而入，络绎不绝”，虽然镖局在经营中所抽取的金额很小，每一万两银子的运输才可获利十几两，“由北京到



戴家镖局保过镖的渠家大院

苏州，每人工价银 18 两，酒钱在外”；“每千（两）镖资 29 两”；“拿护送晌银来说吧，1 万两银子也就给 50 两银子”。“其价每人十金，百凡之内，若有损失，行局（镖局）认赔”。但在如此多的业务下，镖局经营也必定为经营者带来了丰厚的利益，客观上促进了商业的发展。

## 三、与匪是朋友

镖局与匪的关系犹如一段隐语行话中的套语：“拦路抢劫者问：‘吃的谁家的饭？’镖师答：‘吃的朋友的饭。’再问：‘穿的谁家的衣？’答：‘穿的朋友的衣。’”虽说表面上看，镖师与盗匪是对立的双方，但镖局的产生与存在正是由于盗匪的盗窃和抢劫。没有盗匪的盗抢，镖局也就没有存在的必要，对于这一点，镖局心知肚明，所以当镖局之镖师遇上盗匪之时，会承认盗匪为其衣食父母。然后攀交情，论朋友，并送上礼物，双方互相关照，使镖局生意兴隆而盗匪也兵不血刃地收入一份礼物。即如李尧臣在《保镖生活》中所说：“因为镖局子和贼讲‘朋友’，所以贼到北京来买东西时，我们镖局子就有保护的责任。……贼到了北京，来到我们柜上，他和谁熟识，就由谁陪着。白天陪他出去买东西，晚上回局子里睡觉。在外头吃饭的时候，都由镖局子会账。一日三餐，好酒好饭。做贼的进城，都打扮成买卖人的样子。进京的时候，身边带着不少钱，他买东西，自己付钱，这倒用不着镖局子破钞。贼在北京住了几天，连买东西，带看热闹，住够了，就由镖局子送他出城。临走时，起五更，由镖局派轿车，还有镖局的人骑马护送。贼坐在轿车里面，送出城后，镖局子人就回来了。赶车的人早由镖局子交代过，反正坐车的叫你把车赶到哪儿，就送他到那儿，

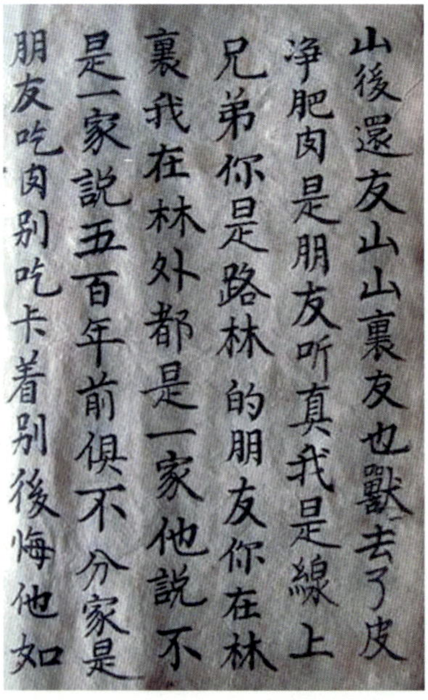
山後還友山山裏友也獸去了皮
淨肥肉是朋友听真我是線上
兄弟你是路林的朋友你在林
裏我在林外都是一家他說不
是一家說五百年前俱不分家是
朋友吃肉别吃卡着别後悔他如

书上记载的走镖遇匪套话

镖师与贼匪

镖师和贼匪是斗争的双方。镖行的存在单
面依靠贼匪的存在，因为没有贼匪的盗窃和
劫，也就没能人会花银子雇用镖师保卫生命
财产的安全，镖行也就没有存在的必要和可
。如果商品经济发达，交易的商队络绎不绝，
是四境安康没有匪情贼患，镖师们也只好另
生路。

镖师与贼匪的关系

聪明的晋商镖局

什么话也不用问。送他到了地方以后，他一定多给赏钱，决不少给。贼进北京这几天，镖局子必须特别小心，决不能让他出事。要是贼住在镖局里，出了事，让官面上给逮去。这一来，镖局子就算栽了。你再保镖，路上遇见贼人的同伙，他必和你作对，镖就不能走了。所以贼人来到以后，一定要小心保护；把他送走以后，柜上才能放心。”

镖局和贼，就是这样互相利用。正因为有贼，而且贼讲江湖义气，镖局才能站得住，吃得开。可是镖局和贼究竟是两码事，贼做的是没有本钱的生意，多半是些走投无路铤而走险的光棍；而镖局的人多是有身家的人，会武艺的人，要进镖局，并不是那么简单，必须确实可靠，有人知底担保。所以做贼的人，尽管镖师称他做朋友，可是贼决不能进镖局。镖局的人，忽然不干了，去做贼，这种事，当然也不是没有的。可是镖局决不能容他。因为这种人离开镖局去做贼，必然和镖局作对。

对于镖局与匪的关系，官也并非不知，然而镖局本身就和官有着诸多联系，况且有些事情官府不愿做、不方便做的事也还需镖局帮着做。在一定意义上这也是“用江湖自身明暗制衡”来控制社会治安。镖局有时也能控制盗匪，清末光绪年间北京顺源镖局著名镖师大刀王五就可以“能手定法律，约束河北、山东群盗，其所劫，必赃吏猾胥之财”。并于数起劫案事发后仗义代群盗受过。

# 第三节 行规声望 平安保障

从事镖局的镖师的技能主要有武术技能、江湖隐语行话和复杂的社会关系网。有了这些，镖局的软硬件就具备了，就可以从业经营了。那镖局如何经营呢？诸行百业，都有其行业规范、文化，镖局的行规、文化又有些什么呢？

关键词：现银调度 稳定金融市场

## 一、亮镖开业

武林高手也需要吃饭，也需要生活。自武术产生以来，武林高手们都存在着一个习武与生存的两难境地，“穷文富武”很形象地表明了习武是需要殷实的家庭背景的，否则生存问题解决不了，谁也没本事饿着肚子去练功。为了解决生计问题，习武术者不得不依附于官僚、富人，充当官僚、富人的护卫或打手。作为一种“侠义”文化最直接的表现者，中国传统文化中的“侠士精神”始终是每一个习武者心中的理想，“言必行、行必果”“已诺必诚”“赴士之厄困”“不爱其躯”“不矜其能，羞伐其德”等精神内涵时刻激励着武林高手们，而现实的生存却让武林高手们不得不面临着痛苦的抉择。镖局的产生正好解决了这一矛盾，将谋生和行侠有机结合起来，侠士第一次有了不必依附于某一集团，不必做精神上的强者、生存上的弱者的机会。镖局中的镖师不仅继承了传统侠义文化中的重信守诺，而且通过走镖中杀匪除盗而为民除害，实现了武林高手凭借武术本领生存和通过走镖完成侠义精神的双丰收。故而镖局产生后，如雨后春笋，镖师迅速成为武林高手首选的职业。

当一个武林高手要让自己成为一名镖头，开业经营时，首先要亮镖。云游客在《江湖丛谈》中写道：“没做买卖之前先下帖请客，把官私两面的朋友请了来，先亮亮镖，凭开镖局的那个名姓就有人捧场才成哪。若是没有个名姓，再没有真能力，不用说保镖，就是亮镖都亮不了。自己要逞强，亮镖的日子非叫人踢了不可。立住了万儿的镖局买卖亦多，道路也都走熟了，自然是无

亮镖开业

事的。最难不过新开个镖局子，亮镖的日子没出什么错儿，算是把买卖立住了。头一号买卖走出镖去，买卖客商全部听见声，要是头趟镖就被人截住了，把货丢了，从此再亦揽不到买卖了，及早关门别干了。”这段话非常详细地写了镖局亮镖开业是关系到镖局生存的头等大事，亮好镖、走好第一趟买卖，镖局这碗饭就算是能吃了，多走几趟，一路上的官、匪都熟了，关系交了，礼送到了，威也坚了，自然就畅通无阻了。



## 二、入行从业

镖局作为一种商业经营机构，和个体的保镖不同，需要有一定的业务分工。镖局的从业者，主要由镖头、镖师、杂役、账房先生、厨师等构成，各个分工不同，职责不同，完成的任务也不同，但需通力合作，有难同当，有福共享。其中，镖师是镖局中最重要的职位。镖头准备开业之时，必将邀请少数武术突出、人品可靠的高朋好友进入镖局充当镖师，共同发展；也有部分镖师是高朋推荐的人品武艺俱佳者。同时，镖局也不忘自己培养，一些熟人、朋友也会介绍一些希望从事镖局生意的人进入镖局学习。但入行从业的审查是比较严格的，需有朋友介绍、家族无不良之人的人才能进入镖局从业。“光绪十六年（1890 年），我才 14 岁，就离开直隶（今河北省）冀州李家庄，来到北京，在荷包行学徒，光绪二十年（1894 年），经人介绍，加入了会友镖局。

为什么我能够进镖局呢？因为当时各县乡下，都讲究练武，农闲的时候，在场子里练；农忙的时候，晚上也要在油灯下面练。所以一般人提到会不会武艺，总说你熬过两油灯么？当时地方很不安静，练习武艺，一则可以防身，二则可以保卫家乡。我自小就跟着老师傅练，会打太祖拳。但更主要的是，因为离我家乡不远，有个绢子镇，非常繁荣，比县城还热闹。绢子镇上，开有很多镖局，会友镖局南柜就在那里。我家里和镖局早有来往（会友镖局著名镖头、三皇炮锤的第四代传人、江湖人称‘神拳宋老迈’的宋迈伦就是冀县人。这为李尧臣能入会友镖局创造了条件）。我也因为会点武艺，想当个保镖的达官。所以在荷包行学了几年徒之后，又改行入了镖局。”（李尧臣，《保镖生活》）李尧臣能够进入镖局的原因有二：一是会点武功，二是他家和镖局早有来往。

进入了镖局首先要拜师学艺。“进镖局的首先得拜师傅。我的师傅名叫宋彩臣，师傅的师傅名叫宋迈伦，是清朝中叶有名的拳师”。拜师是镖局中隆重的大事，是要集合众徒弟、请来宾，过程很复杂。从流行于山西平遥一带武术界的拜师礼可知其隆重程度，“一、某某某老师收徒仪式现在开始。二、某某某老师给关圣人、祖师爷、师父（指已故者）上香。三、门徒给关圣人、列位师傅三叩首。四、请师傅、师娘入座。五、给师傅、师娘叩头（二叩头）。六、读帖、递帖。七、师傅接帖，训诫（或宣读门规戒律）。八、认识来宾，师伯、

入行从业

师叔、师兄。九、结束。”拜师之后，师傅与徒弟就缚在了一起，要学很多东西。

进入镖局只是从业的起始，想要成为一名镖师，还需要学习很多的东西。曾在镖局担任镖师的李尧臣在镖局内学习的武术有：太祖拳、三皇炮、六合刀、大枪、飞镖、紧背花装弩、分水搅、雁月刺、飞蝗石子、峨嵋刺、梅花状元笔，飞檐走壁、蹿房越脊，车战、水战、步战、马战等。同时，还得学习江湖隐语行话，“保镖的光会武艺还不行，必须学习行话。当时买卖家各行各业，都有行话，镖局子也有镖行的行话”。掌握了这些，才真正地可以入行从业了。

但要走镖还需掌握三项生活技能。一是搭炉灶。镖局风餐露宿，时常在上不着村、下不着店的荒郊野外过夜，镖局对饮食非常重视，有酒（天寒地冻，酒可热身提神，饮用有度即可）有肉（饿着肚子是没办法对抗盗匪的），会搭炉灶，可以自给自足。二是会理发。镖局走镖常常一走数月之久，人不离货，马不解鞍，不可能离开车队去集市理发，胡子头发乱作一团，岂能气宇轩昂，尤其是需会晤地方强豪时，既有失自己身份，又显得不够尊重对方，因此，镖队内部互相理个发是非常必要的。三是要懂修鞋。走要靠脚，战要靠脚，脚要靠鞋，数月之久的行途，鞋坏了，路不能走；盗匪冲上来了，鞋坏了，战不好打，因此，镖师在中途休息时，一定会检查鞋，如有问题，马上解决。

## 三、管理体制

作为一种商业经营机构，镖局对各个职位都有严格的分工与管理制度，各司其职。但由于镖局经营业务的特殊性，镖局和其他的商号不同，东家（镖头）和伙计（镖师等）之间的上下级关系不是雇佣关系，而是建立在师徒名义下的关系联结，相互间以师兄弟、师叔、师大爷等称谓，是一种家族式的管理制度。“镖局的规矩，和一般商号不同，都是师徒关系。那时，南北各地，师兄、师弟、师叔、师大爷，共有1000多人。常在北京柜上的，总有二三十人。总管事的人，我们称之为当家的。当时的当家的，名字叫做孙一廷，一般人叫他老孙四，我们称他孙四掌柜”。（李尧臣，《保镖生活》）这种管理制度的建立，是由于镖局经营目的和社会盗匪之间矛盾的不可调和性，使其职业具有高风险性而促成的。进入镖局场所的镖师之间，维系他们之间关系的纽带不仅仅是职业关系，更是一种生死与共的依托关系，因此用最亲的师徒、父子关系进行管理，不仅是一种人性化的管理体制，对镖师之间也是一种潜在的约束。

### （1）管理制度

镖局中各个职务的人都生活在镖局里。白天在柜上，除了吃饭就是练武习艺，充实自己，“傍晚，该去坐夜的就纷纷到各家住户、商号坐夜去了。轮着谁出去走镖，就得出去走镖，大约一个月平均轮上这么两趟走镖的时候，看保的货物多少，由当家的选人。少则一两个人，多则十来个人（大约保一万两银子用一个人）。人多了，总有师傅或师叔、师大爷们带着，一切听他们指挥。进了镖局以后，就得跟着保镖。刚进门的徒弟也是一样。所以徒弟也领工钱，不过比较少点”。这种集中习武学艺的生活，有助于镖师间技击技术的交流，“忙时用技保命，闲时练艺拼命”是镖师生活的真实写照。武术之传播形式未突破前，其封闭的特点决定其有地域特征，习武者多为封闭的“一地一姓一族的传播”，各武术名家将技艺视为自己的独得之秘，不愿轻易示人。但在镖局这种生死与共，同甘共苦的环境中，在同一块场地上进行习武学艺，

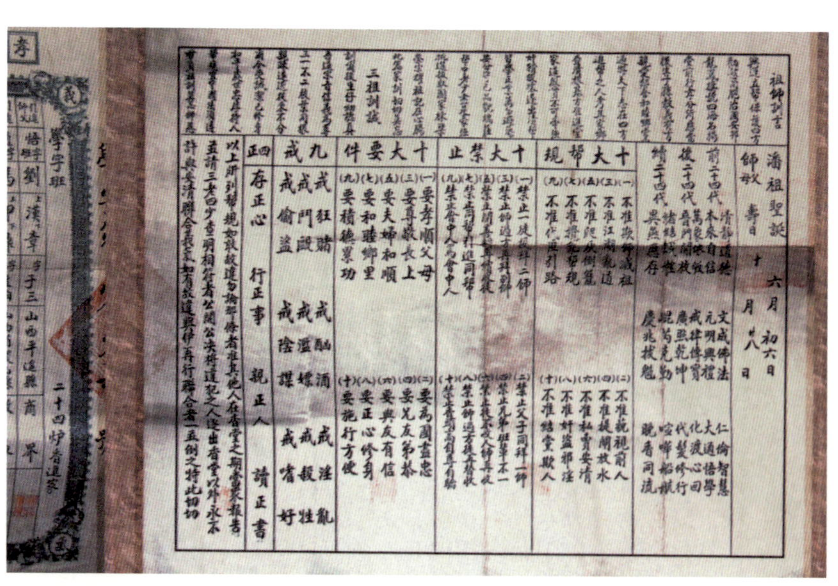
祖師訓言
潘祖聖誕 六月初六日
師母壽日 十月廿八日
前二十四代 清靜道德 文成佛法 仁倫智慧 本來自信 元明興禮 大通悟學
後二十四代 萬象依皈 戒律傳寶 化渡心回 普門開放 廣照乾坤 代發修行
續二十四代 緒結[illegible]
十大幫規
（一）不准欺師滅祖 （二）不准藐視前人 （三）不准江湖亂道 （四）不准提閘放水 （五）不准扒灰倒籠 （六）不准私賣安清 （七）不准擾亂幫規 （八）不准奸盜邪淫 （九）不准代人引路 （十）不准結黨欺人
十大禁止
（一）禁止一徒拜二師 （二）禁止父子同拜一師 （三）禁止師過方再拜師 （四）禁止兄弟[illegible]
十大要件
（一）要孝順父母 （二）要為國盡忠 （三）要尊敬長上 （四）要兄友弟恭 （五）要夫婦和順 （六）要與友有信 （七）要和睦鄉里 （八）要正心修身 （九）要積德累功 （十）要施行方便
九戒
戒狂賭 戒門毆 戒偷盜 戒酗酒 戒濫嫖 戒陰謀 戒淫亂 戒殺牲 戒嗜好
四正
存正心 行正事 親正人 讀正書
以上所列幫規如敢故違勿論那條者准其他人在香堂之期當衆報告 並請三老四少查明相符者公開公決將違犯之人逐出香堂以外永不許與安清聯合 如有故違照伊再行聯合者一並例之特此切切
學字班
二十四炉香道家

管理体制

多培养一个同伴就可能为自己的生命多提供一分保障。这一特殊的关系决定其各流派间密不互传的绝技和师徒、父子间授业中留一手的陋习变得不太重要。这样的管理方式使镖局内技术交流实现了最大化，为中国武术的传播和完善作出了巨大的贡献。

（2）酬金分配制度

镖局不同于一般的商号,“东家”和“伙计”之间并没有过大的差距,“东家”也需要走镖，而且一般都走最危险的镖（钱多路险）。“保镖的人，每个月也就挣四五两银子,头儿们也多不了多少,七两二钱银子,那就是最多的了。有人说，李鸿章找的护院的，每月给几百两银子。据我所知，可没有这么些个。到了年终，柜上赚了钱，大家可以分点红，但那时当家的吃大股，一般人分的也不多。护送大官上任，遇见官儿高兴，送到以后，赏个十两八两的，那是外快，不在正式收入之内。一个保镖的，每月虽只挣几两银子，可是吃的是柜上的，而且好吃好喝，生活还是挺舒服的。镖局子制度也不像买卖家那样紧，彼此都是师徒关系，论起来，是一家人，更不像当官差的有什么阶级高低大小。因此，一般都觉得干这行挺自由，挺舒服。”（李尧臣,《保镖生活》）从李尧臣的描述中可以看出，镖局内部的酬金分配不同于严格的商号，而且收入也不多，但由于主雇之间的师徒关系使两者之间的关系很融洽，对收入状况还是满意的。



这实际上是一种最佳的酬金分配制度，由于镖局从事的是一种极高危险的行业，镖师每一次走镖、坐镖都可能用生命来捍卫，所以镖局的“东家”需要多少酬金才能支付生命呢？而镖局内的师徒名分，这种亲情使镖师无法提出高的要求。同时，镖局的“东家”也是“伙计”，对镖局的经营状况采取相对透明的管理方式，使镖师们产生同甘共苦、患难与共的心理，使镖局内部团结、互助。

## 四、行业规矩

“江湖”自有“江湖”的行为准则,镖师行走“江湖”,自然需懂得“江湖”

的规矩，按规矩办事，就不会得罪“江湖朋友”。

### （1）拜祖出镖

出镖前一定要隆重举行拜祖仪式。行业祖师崇拜是中国民间信仰的一个重要组成部分，它具有自身的一些特征，其存在也有诸多社会、历史根源。对其进行研究有利于深入了解行业文化。俗话说:“三百六十行,行行出状元。”中国民间的行业纷繁复杂，或许远远不止三百六十种。这些行业经过社会的发展和历史的演变，有的已经逐渐消亡，而有的则又转变成现今的一些新兴行业，但追根溯源，它们都有其起始，都有一个创造发明者，这种人，被民间尊称为行业的祖师。镖局虽作为清代短暂存在的行业,但其祖师可从清代一些野史、小说或田野调查中找到根据。

作为一种具有极高危险性的行业，镖局奉佛教禅宗的创始者菩提达摩为祖师。“后来少林僧兵救了唐王李世民以后，少林武僧又在全国出了名，少林拳也传出了寺院，传到了镖行（局）中来。因此镖行也有了少林门派，他们就敬达摩为祖师爷了。”宫白羽（竹心）也在其小说《十二金钱镖》的第一回《小隐侠踪闲居传剑术，频闻盗警登门借镖旗》中写道：“……胡孟刚进厅一看，这厅也是练武的地方，里面没有什么陈设。在迎面桌上，正当中供着伏羲氏的

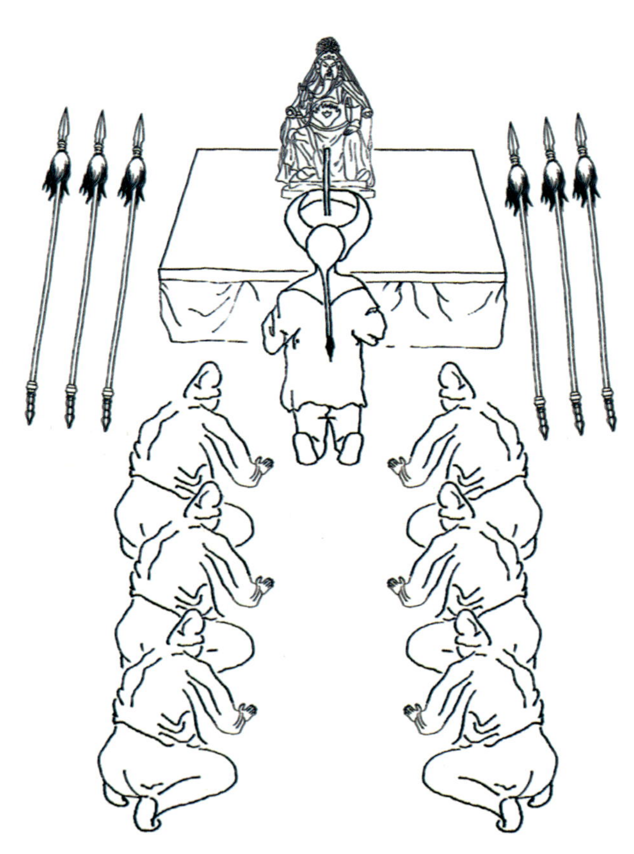
祭拜出镖

神像，左边是达摩老祖（凡开镖局的都供达摩老祖），右边是岳武穆像。胡孟刚晓得俞剑平专练太极门的武功，所以把画八卦的伏羲氏供奉在当中。这三尊神像都供着全份的五牲。在达摩老祖圣像前，有着二尺宽、尺半高的一个木架，摆在香炉后面。架上用一块黄绫包袱蒙着，看不出架上插的是什么。俞镖头吩咐大弟子程岳，把三寸佛烛点着，自已在三尊神像前，肃立拈香，然后向上叩头顶礼。四个弟子也随着叩头。胡孟刚却只向当中叩拜了祖师，站在一旁。俞剑平身向达摩老祖像前下跪，又对大弟子说：‘把镖旗请下来’，黑鹰程岳忙把木架上的黄包袱揭下来，露出五杆镖旗，全都卷插在架上。……当下，程岳请下一杆镖旗，递到师父手中。俞剑平跪接镖旗，向上祝告道：‘弟子俞剑平，在祖师面前封镖立誓，不再做镖行生涯，不入江湖，隐居云台，教徒授艺，实有决心，不敢变计。今为老友胡孟刚，情深谊重，再三求告弟子，助他押护官帑，前赴江宁，以全老友之名。弟子心非所愿，但力不能辞，只得暂取镖旗，重入江湖，此乃万不得已，但愿一路平安无阻，还镖旗，全友谊。此后虽以白刃相加，也决不敢再行反复。祖师慈悲，弟子告罪！’”小说虽不足以充当史料，但却可从侧面反映历史。宫白羽本名宫竹心，1901 年生，原籍为河北，后移居天津。其青少年时代，仍是清末镖局生意兴盛的时期，如北京会友镖局解体在 1921 年，即其 20 岁之际。100 多万字的《十二金钱镖》成书于 1937 年，距镖局的解体仅 10 余年，相去未远，故有关镖局故事的素材具有相当程度的真实性。

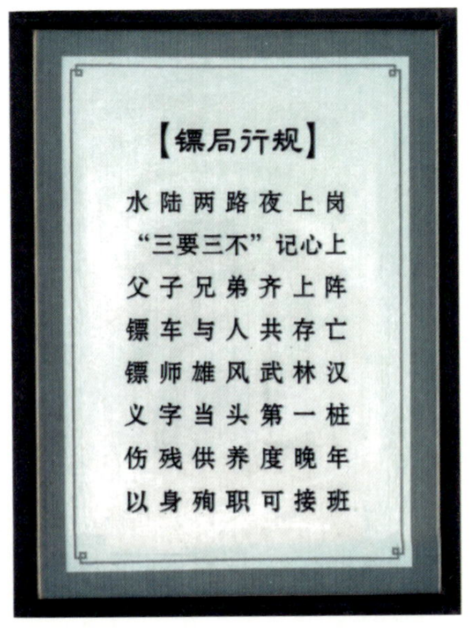


镖局行规

镖局奉达摩为行业祖师是有一定渊源的。达摩被传为少林功夫的创始人，并被称为武术的祖师，镖局根据自身出自武林、盗匪也出自武林，两者都奉达摩为祖师，这就表明了两者同门、同根，才能和盗匪论交情，路遇拦路抢劫者问：“吃的谁家的饭？”镖师答：“吃的朋友的饭。”再问：“穿的谁家的衣？”

旅蒙晋商

答："穿的朋友的衣。"这样的事例说明镖局首先承认自己的职业来源于盗匪的盗、抢；而自己和盗匪本是一个祖师爷，俗话说"人不亲艺亲，艺不亲祖师爷亲"，都是在"江湖"上混饭吃的，攀上交情，对立的两边互让三分，不就不用流血拼命了吗！对立的两边其实都怕，一旦动手，输赢都得付出惨重代价。一个祖师爷，为双方留下了周旋的余地、走镖的空间，实际上是镖局行业存在的必然。否则，镖局每日走镖都需拼出一条血路，先不说有没有人愿意，就是运输的成本也不是商号所能承担的。

镖局奉达摩为祖师是将自身融于"江湖"社会的根本原因。明朝后期，少林武术已有"今之武艺，天下莫不让少林"的美誉；至清代时少林武术已经有相当的影响力，已是"天下武功出少林"了。将少林武术称为天下武术之母，这更隐喻着少林武术不但为清代社会所普遍认同，更反映出发展至清代的少林武术已成为一种文化符号，而少林寺也成为民间所信奉的习武圣地。镖局自然不能忽视自己本质属性就是武术技艺。奉少林武术之祖达摩为师，也可以增强行内凝聚力、自豪感和行规等习惯法的约束力，同时亦可提高当行的社会地位和声望。

但笔者对山西镖局进行考证时也得到另一种说法。曾在山西商号从事伙计的张永昌先生（山西平遥人）说：“票号要靠镖局运银子……出镖前要拜祖师爷，上座的是武圣人，下座的是达摩老祖。”这一说法颇具山西特色，清代山西商业奉武圣人关公为祖师，并将关公形象带到了全国、全世界。山西镖局也是商业的一种形式，实际上也是商号的一种，拜关公也符合清代晋商的普遍情况。

按照中国清代行业习惯，各行业在做重要生意或处理重要事务时必定要进行拜祖，镖局也不例外，从宫白羽小说中的描述和张永昌先生的口述中可以看出镖局接镖之后，先开坛拜祖，然后开始艰辛的千里走镖历程。

镖局离不开的东西，晋商算盘

### （2）以礼为先

“江湖”上无论知与不知，在待人接物上，都是以礼为先。礼的目的，一是表示个人心胸坦荡，谦虚谨慎；二是侦察和发出联络讯号。如走镖途中，山、水、林、桥、坟、庙、人家、集市等，均可能有贼潜伏。镖师就是要眼观六路、耳听八方，时刻注意发现可能出现的异常情况，以防不测。同时，还要注意观察路上是否设障或异常迹象。发现异常情

镖师马上的饰品

况或前方有需注意防范之处，镖头都要随时提醒诸镖师。进街时，刀把朝前；进店后，则朝后。出店时刀把朝前，出街则朝后。有朋友要看刀时，则用大拇指将刀挑起，刀刃朝外，这是警惕非常，具有防御性的礼节，使对方拔刀后不能作势，与古代呈献刀、剑之礼有别。以武会友，在交手前，为了首先摸清是否一家，先站开成马步，随即将左拳横置右掌虎口中，掌心向外与胸齐高，先退后三步，再进半步，而后道声“请”字。若对方以同样礼节相还，就是一家人，不必再交手了。其他拳派礼节，则为左掌，拱手齐眉。镖师则以两手作虎爪式，以手背相靠，平与胸齐，用示反背胡族，心在中国。以上诸种名为礼节，实则借举手之机，先封住自己门户。一旦遭意外袭击，就可

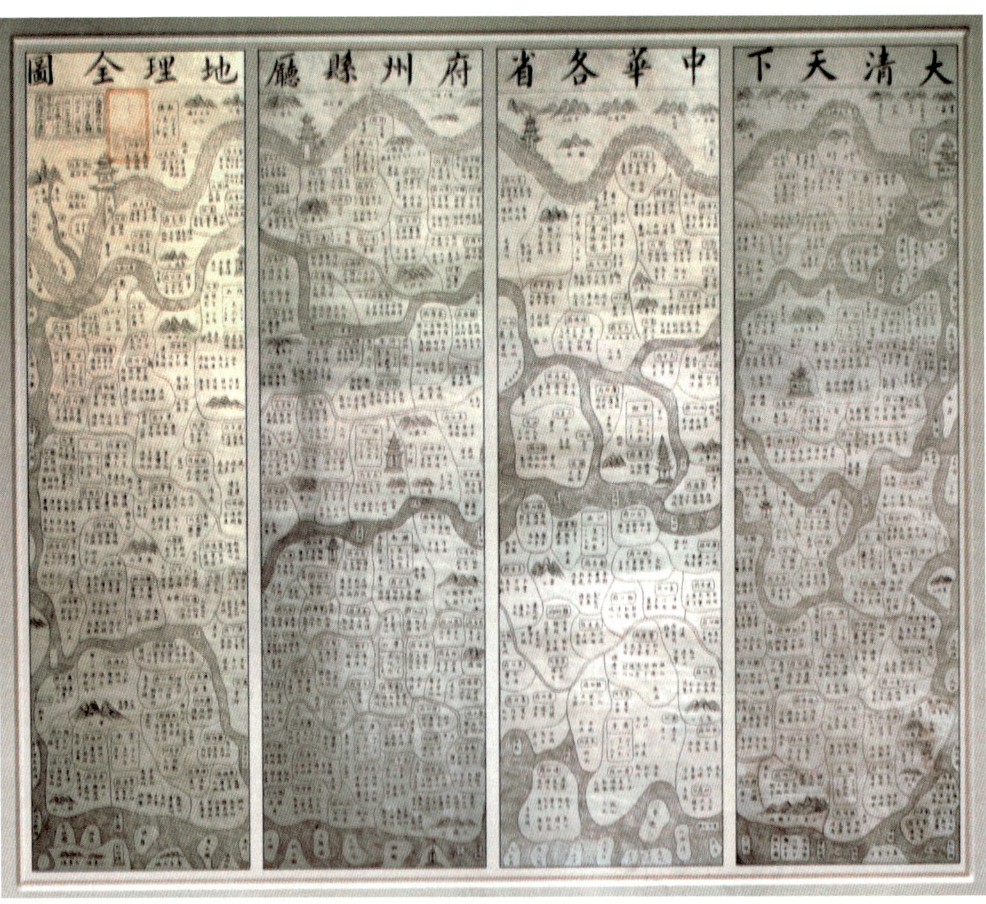


大清天下中华各省府州县厅地理全图

镖师外出离不开的指导物品

立刻变势应敌，这是习武者必备的戒心。镖师在押镖途中，如见到路面被破坏，或撒有蒺藜及其他障碍物时，就会意识到有盗匪伏击，立即会告诉其他人将镖车圈在一起，亮出刀枪，守住镖车四周，带头的镖师与盗匪交涉，如是朋友则顺利通行，如不是则双方拼命。

待人以礼是规矩，插镖旗、喊镖号也是规矩，任何“江湖”规矩都要熟记于心，不得有半点马虎，稍有不慎，就可能为走镖带来不必要的麻烦。据传：清代时镖局途经河北（旧称直隶）沧州地面时，镖局的人没先去拜谒当地武林名家就喊起镖来，这在武林之中是大不敬之举，坏了规矩。沧州是著名的武术之乡，是武林高手和镖师辈出的地方，正巧此举被六合拳门派首领李冠铭（李冠铭自幼习武，曾三下京华，五闯天津，到处求师、访友，练就一身好武艺，身手矫健而有奇力）听到，闻之大怒，遂从家中牵出马来，驱马赶去，一会儿就超过了镖车。正好，前边有一座石牌坊，只见他双手一攀牌坊大梁，两腿一夹，硬把那马平空夹了起来。马匹咴咴乱叫，疯狂挣扎，却前后左右都动弹不得。真是好力气！镖局之镖师知道遇见了武林高手，连忙跪下叩头认师。李冠铭哈哈一阵大笑，驰马而去，放过了镖车。从此，凡镖车路过沧州时不再喊镖号，相沿成为一种规矩，称为“镖不喊沧”。

规矩是镖局在长期经营实践中总结出来的有利于走镖安全的行为准则，但规矩不是一成不变的。如山西镖师戴二闾为实现晋津走镖，特

**延伸阅读**

**《武术汇宗》**：作者万籁声，原名万常青，近代武学大师。少好武侠，尤好技击，每以未逢良师为憾。及长考入北京农业大学就读，先遇少林六合门高手赵鑫州为之启蒙，修习外家功夫；继而又拜“自然门”大侠杜心五（著名镖师）为师，尽获内家真传。由是遇合不断，前后共有七师，多为奇人异士。故其青壮之年，即精通武功、剑术，旁涉各种兵刃、暗器及“走江湖”之学。1926 年万氏任教于母校农大，因有感于武术界多秘技自珍，往往失传，乃发愤著《武术汇宗》一书，于 1928 年首刊于北京《晨报》的“随笔”专栏。此书大多为万氏经验之谈，因万氏武学博大精深，《武术汇宗》几乎涵盖一切国术界已知或未知的“功夫世界”。翔实可信，为世所重！

意“喊镖过沧”，虽破坏了“镖不喊沧”的规矩，却通过艺中见义、阵中结谊的方式实现了打通津门要塞“沧州”的目的。

（3）时刻警惕

按规矩办事是镖局的本分，但不按规矩“出牌”是盗匪的常用手段。镖局走镖时，每一步都非常谨慎，就怕坏了规矩，落下话柄给“江湖好汉”；同时，镖师也从来不把安全寄托在盗匪按规矩行事上，而是将长期走镖中积累的经验总结出来，在走镖路时一一执行。时刻保持警惕之心，严格执行局内规定是镖局走镖路上的保障措施。

**规定一：镖号常喊，连绵不绝**

镖号有三大功能，通告盗匪、扬名四方和交流信息。尤其是和江湖春点结合的交流功能，具有在公开场合下的半封闭性。在镖局走镖途中会遇到各种情况，镖师要尽可能地将信息通知后面的车队（晋商镖队有时连绵好几公里）。这样全车队对沿途信息了如指掌，遇到危险也不会惊慌。

**规定二：人不离货，货不离人**

抱拳行礼

镖路之上，处处陷阱，行走在荒郊野外自然是人不离货，货不离人，但进入人烟稠密的集市，各种诱惑随之而来，茶楼、酒肆使人向往，社戏、卖艺让人技痒，花船、歌妓无限诱惑，欺孤、凌弱无比闹心，所有这些，镖师必须心如止水，不为所动。因为，这些也许就是盗匪设下的“套子”，或诱镖师离队离船，或诱镖师犯事（见义勇为可能缠上官司，镖头和地方官府处理此事，可引车队分心）。同时，盗贼上门被发现，如果逃跑，镖师绝不追赶，防止盗匪调虎离山。

**规定三：留宿熟店，住店要“巡”**

陆路镖时才会住店，镖局一般走熟路，住熟店。新开店、易主店（原来的熟店换了主人）和娼店（鱼龙混杂）不住，担心中了埋伏。即使住熟店，也要做到三巡，镖局进店之前，会派出一名精明强干的镖师前去探店，叫“探巡”，一是观察店内、外有无异常情况，如店内布局是否非常复杂，店内外是否有异常人等；二是和店家预定住房，如果一切如常，常预定一个独立的小院。镖车随后进入院内，一般将车辆放在天井中央，放好之后，要在小院内仔细

保镖走镖图

清代镖师走镖情景再现图

镖局演武厅

路遇劫匪

再查一遍，叫做“查巡”，仔细到要落实是否有无地道、隔墙等，然后再根据地形分配守夜值日。俗语说“月黑风高夜，杀人放火天”，夜幕降临时，镖师是最为紧张的，大部分镖师被安排睡觉休息，另有一部分被安排值夜，叫做“夜巡”，值夜的镖师分为两类，一类为明哨，一类为暗哨，明哨不停地走动，暗哨躲在暗处。明暗相间，以确保“镖”的安全。



**规定四：饮食要查，自给自足**

镖局走镖时，饮食一般都是自给自足，露宿野外自不用提，就是住在店内，多数时是自己做饭吃，只是借用店家的炉灶。一来镖局人口多，自己做饭可以节省一笔费用，镖局走镖可挣不了几两银子，只能混个小康；二来走镖担的干系太大，如果盗匪饭中下药，有时是防不胜防的，万一中着，一生的名誉就会毁于一旦；三是执行人不离货，货不离人的规定，让店家送饭怕不安全，出去吃又担心“镖”。

**规定五：睡觉要警，枪不离身**

“昼不安心，夜不安枕”是镖师在走镖时的感受，尤其到了晚上，劳累一天的镖师需要休息以补充体力。但睡觉是要做好战斗准备的。首先是只能和衣而睡，走多少天镖就和衣睡多少天觉，因为一旦有事，总是仓促应战，事关“镖”的安全和生命；二是枪不离身，枪是护身法宝，随时都得待命，窗外一声呼喊，屋内立马就能做出很好的战斗准备；三是鞋要倒放，虽说镖师要和身睡觉，但鞋是要脱的，因为脚如果休息不好，用不了几天人就垮了，因此睡前要脱鞋的，但与常人不同，镖师脱鞋之后，要使鞋尖朝外，目的同样是危险时刻不用翻身离坑，只要一蹿就能穿鞋。

**规定六：最忌好奇，勿近女色**

镖师有时都不知道“镖”的内容，商家和镖局接洽时，镖头接待后谈好价格、时间等，商家将货运至镖局，双方验货，多数时只有镖头在场，然后将镖车贴封条密封，镖头派镖师走镖。这些货价值几何？哪一个镖箱是头货，哪一个镖箱是虚货，均不得而知。镖师最忌好奇之心。当有人身镖（护送人至某地）时，同车的可能有女眷，这时既要履行保护职责，又要尽量远离女眷，防止引起不必要的麻烦。

晋商镖局院落

这是当时镖师生活过的地方。

# 第五章

## 以镖行侠　义重解骖

“侠义性质，乃各人天赋，固不必习武者为然，其仗义疏财，诛恶锄强，亦英雄本色，非强可致也。第能习高深武功者，多系此等赋性，更加武功辅助，是以其行侠手段不同。”（万籁声，《武术汇宗》）镖师正是这样的一个群体，具有疾恶如仇的侠义精神，又有诛恶锄强的高强武功，遇到不平之事，自然不能袖手旁观，其行侠之举常常能帮人于险境、救人于危难。难能可贵的是，镖师秉承侠义精神、领悟行侠方式，事后不显其踪，不留其名。世人只知受镖师之恩，却不知镖师之名。

“侠之大者，为国为民”，当社会经济发生运输问题时，侠义之士通过镖局帮之；当民族发生危难之时，业已具有安身立命之业，可以过小康生活的镖师，义无反顾地站了出来，走上了救国图强之路。参与“维新变法”的著名镖师大刀王五、创办中华武士会的单刀李存义、投身抗日的会友镖师李尧臣、力挫日本武士的“通天教主”车毅斋等即诠释了潜藏在平民中的民族侠义精神。

## 第一节　机缘巧合　镖局传世

镖局虽然在清经济中起到了一定的作用，但其未被官文正史、墨客杂文等重视，自身又多是不识诗书的草莽英雄，故镖局资料留存极少。现在我们能够看到的镖局，多有一些机缘才得以传世，或镖头有名于地方，或发生惊天动地的大事，或引起一些早期史学家的关注，或与拳种渊源很深，最不济也是处于近代的大城市。

关键词：镖局之槁矢　大刀王五　有恃无恐　商家开设

在得以传世的著名镖局中，有五个镖局是由山西武术家所创办，再一次表明山西镖局在清代的兴盛，以及晋商对镖局的重视程度。

### 一、兴隆镖局

对于想要了解镖局的人来说，一定要知道兴隆镖局。根据存世有关镖局的资料显示，最可信的中国第一镖局即兴隆镖局，由清初山西人张黑五在北京开设。出生于山西万泉（今万荣）北吴村的著名学者卫聚贤（1899—1989 年）是较早进行晋商研究的史学家，为考证票号产生的原因，对镖局进行了深入研究和考证，得出“考创设镖局之鼻祖，乃系清乾隆时……山西神拳无敌张黑五者请于达摩王，转奏乾隆，领圣旨，开设兴隆镖局于北京顺天府前门大街，嗣由其子怀玉，继以走镖，是为镖局之槁矢”（卫聚贤，《山西票号史》）。书中明确地说明了中国第一镖

临战状态的兵马俑

从此图可反映出武术从古到今都对社会、经济等的发展起着不可小视的作用。

局就是兴隆镖局。卫聚贤还进一步推论，镖局是明末清初顾炎武与傅山、戴廷栻为反清复明，以保护商人运送现银而创设的。由于卫聚贤生于清末民初，对镖局有直观的认识，加上他是中国现代考古学的奠基人之一，有着严谨的治学态度，故其对镖局的考证被认为是最具权威之观点之一。

可惜兴隆镖局其他资料却在历史长河中流失了。

## 二、顺源镖局

顺源镖局是中国镖局历史中最有名的镖局，称其为“最有名”，是因为顺源镖局的镖头王正谊即是国人尊称的“大刀王五”，其参与了中国近代史上具有重大意义的事件——“戊戌变法”。王五幼年在沧州从师李凤岗学习武术，艺成之后先在李凤岗经营的成兴镖局辅助，从事镖师押镖。

清光绪四年（1878 年），王五在同仁好友的帮助下，在北京崇文区西半壁街自开顺源镖局。王五专心经商，严格从业规范，尽力满足雇主要求，遇险奋力退贼，遇走投

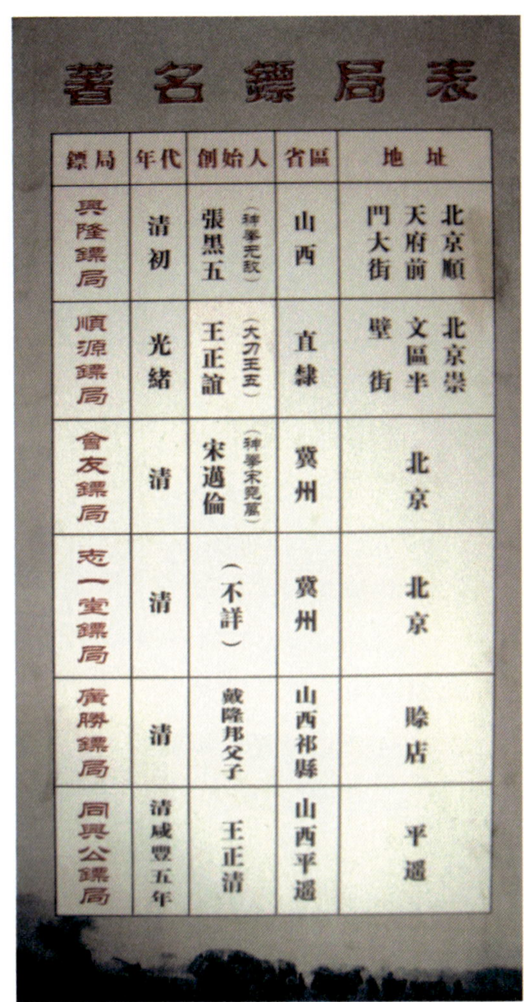

著名鏢局表

| 鏢局 | 年代 | 創始人 | 省區 | 地址 |
|---|---|---|---|---|
| 興隆鏢局 | 清初 | 張黑五（神拳无敌） | 山西 | 北京順天府前門大街 |
| 順源鏢局 | 光緒 | 王正誼（大刀王五） | 直隸 | 北京崇文區半壁街 |
| 會友鏢局 | 清 | 宋邁倫（神拳宋[illegible][illegible]） | 冀州 | 北京 |
| 志一堂鏢局 | 清 | （不詳） | 冀州 | 北京 |
| 廣勝鏢局 | 清 | 戴隆邦父子 | 山西祁縣 | 賒店 |
| 同興公鏢局 | 清咸豐五年 | 王正清 | 山西平遥 | 平遥 |

著名镖局表

顺源镖局旧址——当时的大门铺首

无路者解囊相助，只用很短的时间便在同行中声名鹊起。北到辽沈，南至湘鄂，东自江浙，西至晋陕，只要见镖旗上有“王五”二字，便无人敢犯，“任侠之流皆奉为祭酒，于是有大刀王五之称。大刀者，非以刀名，人以此尊之耳”，并称顺源镖头王五能“手定法律，约束河北、山东群盗”（徐珂，《清稗类钞·义侠类》）。

顺源镖局旧址——当时的大门

顺源镖局走镖范围较大，“其势范围，北及山海关，南及清江蒲（今江苏淮阴市）”（梁启超，《饮冰室诗话》），“其陆路镖主要是从京城到济南、开封、太原、榆次、张家口等地；水路镖则是从北京齐化门（朝阳门）经通县到天津”（张宝瑞，《北京武林轶事》，转载于曲彦斌的《中国镖行》）。

经过几年的经营，顺源镖局发展到有前后两大院、占房 40 多间，镖师多人，跻身于京城八大镖局之列。许多商贾慕名而至，聘其镖师看家护身，押送金银、绫缎、珠宝、皮毛、参茸等名贵物品，兴盛至极。

1900 年，王五率顺源镖局众镖师积极参加义和团反帝爱国运动，杀洋人，攻打教堂。后寡不敌众，顺源镖局众镖师大多为国捐躯，镖头王五也被八国联军枪杀于前门。顺源镖局也就只得关门了。

时至今日，源顺镖局的旧址依然存在，成为北京市市级文物保护单位，大刀王五的四世孙依然住在高祖的故居之中。王五当年用过的红木八仙桌、太师椅和“义重解骖”、“德容感化”两块金匾保存完好，金色的字虽然已经失去了光泽，但木匾饱经风雨之后，显得更加苍劲古朴。人们依然会从顺源镖局旧址里读到那屈辱历史时期不屈的侠义精神。

顺源镖局旧址——当时的客房

顺源镖局旧址——当时王五家眷住过的屋子



## 三、会友镖局

会友镖局是现知镖局中最大的镖局，称其为最大，是因为全盛时镖局“师兄、师弟、师叔、师大爷，共有1000多人”（李尧臣，《保镖生活》），是已知镖局规模中最大的。镖局取名“会友”，就是“以武会友”的意思。

曾在会友镖局担任镖师的李尧臣是会友镖局兴衰的见证人，其所作《保镖生活》一篇是到目前为止唯一的镖师自述稿，其真实性是不容置疑的。从其对会友镖局的描述中，可知清代京城镖局的大致情形，进而对清代中国镖局的状况有了大致了解。会友镖局也是至今所见文献最全，对其了解最多的镖局。

清朝末年北京城有八个大镖局，位于市粮食店南口路西的会友镖局是经营时间最久、信誉最高、规模最大的一个。会友镖局的后台很硬，是李鸿章，没有硬后台的镖局是寸步难行的。虽然李鸿章是镖局的股东，却不用出钱。“会友镖局，后台老板当时是李鸿章，他算是会友的东家，可是也不用他出资本（也算是官商结合）。因为会友派人给他家护院守夜，拉上了关系，就请他当名誉东家。”这个只拿钱不出钱的后台却让镖局行事时有恃无恐，京城的采访局都惧怕三分，连贼到了镖局都和进了保险柜一样。“采访局要得罪了镖局子，镖局子跟李鸿章一提，一张二寸长的小纸条，就要了采访局的命。所以他们就不敢找镖局子的麻烦了。”（李尧臣，《保镖生活》）

会友镖局镖旗



会友镖局的走镖业务很广，“一共有四路的买卖。北路镖是张家口、热河；东路是东三省，营口、吉林、奉天，到黑龙江省城；西路到西安为止；往南是直到南京、上海。当时往南走有两条官路，叫做东大道、西大道。东大道走任邱、河间府往南；西大道是走卢沟桥、琢州、保定、石家庄、冀州。要到上海、南京一带，须从河南郑州往南。水路是由齐化门内河奔通州外河，沿运河往南”（李尧臣，《保镖生活》）。会友镖局的坐镖业务也很多，“还有一项重要的买卖，就是看家护院。当时秩序不好，不单出门行路，有贼人拦路行抢，就是城里也不太平。所以当时的大宅门、大商号都得有看家护院的。这些看家护院的，不是他们自己雇用的，一般都是和镖局子接头，由镖局子派人前往坐夜。后来外国人到中国办了很多洋行、银行，他们也请镖局子的人去保护。前门大栅栏、珠宝市一带的商号，后来组织起来，办了商团，就由商团

**延伸阅读**

**《武术汇宗》分为上、中、下三篇。**上篇缕述中国武术源流、少林拳法及各种基本功练法；着重运劲之理与武功修养。中篇为器械学，详明十八般武艺、奇门兵刃及各类杂技（以暗器为主）之特性与用法；兼析三种轻功练法之优劣，以及“空手入白刃”、点穴、解穴、“推血活宫”手法等等。巨细靡遗，无所不包！下篇由内功、行侠、帮会、保镖到静坐、神功、道术，一一分说利害及其可行途径；并附有跌打损伤治法、药方、穴道图、弹弓谱等。

和会友镖局接头，替他们守夜。1910 年，以‘会友镖局’为主的前门外商业区自卫队抗击了外国侵略军，保卫了大栅栏、珠宝市的数百家商号免遭劫难。当时会友镖局每天晚上派出守夜的师兄师弟，总有不少人。如华俄道胜银行就是由会友给保护。大宅门找会友护院的不少，最有名的就是李鸿章了”（李尧臣，《保镖生活》）。

会友镖局在天津、南京、上海、西安等地都设有分号，也算是连锁经营了。

会友镖局“从清初开设，一共办了近 300 年，师徒相传了好几辈”（李尧臣，《保镖生活》）。其时最有名的镖头应该是宋迈伦（1809—1893 年），他是清朝中后期著名的爱国武术家，人称“神拳宋老迈”。宋迈伦后，会友镖局的镖头为宋彩臣，“我的师傅名叫宋彩臣，师傅的师傅名叫宋迈伦”。

到了民国十年（1921 年），会友镖局终于也经营不下去了，被迫关门。镖局子里的师兄弟、师叔、师大爷，年纪大的回家养老去了，年轻的就由各银行、商号、住宅分别雇用，替他们看家护院。

◇部分会友镖局镖师照

1902 年，中排左起：大刀刘德胜、李尧臣、翟钰臣、郭云深、管念慈；前排右一：屈兆麟；后排左起：王兰亭、王豪亭、王显亭、李淳风、白云峰、孙立亭、大枪侯金魁。

## 四、志一堂

志一堂镖局应该是清代最有钱的镖局，称其为“最有钱”是因为志一堂镖局不是武术家独资经营的镖局，而是背后有着很大的财力支持的镖局。

志一堂镖局是山西志成信票号在北京开设的镖局。镖局研究之初，始觉镖局都是由武术家所开设，多为独立经营，但志一堂文献的发现，方知镖局经营也是多种方式的。既有武术家开设，也有商家开设镖局，雇武林高手作镖头的形式。

志成信票号始创于清康熙十八年（1679年），由山西太谷南沟子村财主员成望所创办，是当时如日中天的晋商票号中的一员，“祁、太、平三帮之中，祁帮六家，太帮五家，平遥帮十家。祁帮为大德恒、大德通、存义公、合盛元、三晋源、大盛川。太谷帮为锦生润、志一堂（即志成信）、协成乾、大德川、大德玉。平遥帮为日昇昌、协同庆、百川通、宝兴隆、天成亨、蔚泰厚、新泰厚、蔚盛长、蔚兴厚、蔚长厚。其牌号之名，皆三字也”（徐珂，《清稗类钞·农商类》）。“太谷员氏志成信票号，清康熙年间立号，北京分号‘志一堂’，专门给人走镖，后借明代‘飞钱’创立现金汇兑业务，并且经营绸缎、

账房主管办公的地方

中国镖局博物馆

药材业务。”（程素仁，《晋商股俸制及其对现实的指导意义》）员家经营范围涉及行业极广，有票号 40 余处，镖局、钱庄、典当、烧锅、茶叶、丝绸、药材、京广杂货等商号百十多处，遍布全国。志一堂镖局是其在北京的大商号，其下又开设隆盛镖局和三公门堂。（员文绣口述、董维平整理，《我所了解的员家志成信票号》）

志一堂主要是将山西各商号在北京经营所得的货款按季节运回山西，以完成债权债务清偿体系中的“过镖”。

从现有文献只能得出志一堂的东家是谁，而其镖头是谁、经营状况如何等众多问题都尚未解决，仍需在后继研究中继续。

有趣的是还有一位近代名人要和员成望争志一堂的创办。“孔氏（注：孔祥熙家族）清乾嘉间已成为太谷名门望族，孔裔七十二代宪仁，创志成信，长侄庆麟，另设义盛源票号，经营金银买卖、汇兑，兼办苏广杂货，在北京创办志一堂镖局……并设会通盛专办存放款业务，后设会通远从事汇兑，设广茂兴于广州。此外原有北京义合昌、奉天源泉博及自他人手中购买的太谷三晋源，在各地有分号，远如库伦、迪化，乃至安南西贡。义合昌在日本有支店，独家经营中日汇兑。庆麟五子三女。其中三个儿子承父业，老三繁慈主持太谷义盛源和三晋源，生独子祥熙。”（吴相湘，《民国人物列传上册》）现有资料业已能证明志成信及志一堂镖局不是由孔家所创办，但从此可见“志一堂镖局”在其时也“颇有一号”。

镖局兵器

在冷兵器时代，尤其是禁武的清朝，这是重要的武器。

## 五、成兴镖局

成兴镖局是现知镖局中最有“话语权”的镖局。何谓“话语权”呢？镖局经营者众多，千里走镖中的规矩也很多，但走镖的形式却是相同的，喊镖号是镖局走镖时为警示盗匪、扬名立万的主要手段，一声声的“合五”声是多么的耀武扬威啊。但镖车、镖船只要是进入沧州地界，就必须扯下镖旗，悄然而过，不得喊镖号，以示对沧州的尊重，这就是俗称的“镖不喊沧”。定这个规矩的就是成兴镖局的开山人李冠铭。

李冠铭从师泊头镇八里庄曹寿（一说是楚文泰，与曹系同门）学习六合拳，天资聪慧且肯吃苦，逐渐成为了武林高手。后传其侄李凤岗。

道光年间，沧州是京、津、冀、鲁、豫商品流通必经之地或商品集散中心，于是李冠铭与其侄李凤岗在沧县（今沧州市）大南门外成立“成兴镖局”。主要经营清官府和北京各大商贾去南方购买丝绸所用的银两，往返于苏杭与北京之间。李冠铭与李凤岗之声名远播，走镖数年未曾失镖。后其徒王殿臣、刘玉临继承成兴镖局。

## 六、广盛镖局

广盛镖局与一个起源于山西的优秀拳种——形意拳有着非常大的关系。形意拳由山西人姬际可创立于明末清初，初为心意拳，后衍生出形意拳、心意六合拳、戴氏形意拳、尚派形意拳等诸多拳派。在短短的三百年间，就发展成为我国古代武术中的名拳之一。其传播遍布山西、河南、河北等中国北方地区，并辐射至全国。在一个社会经济条件落后、地域间交通不便、武术传播方式单一的农耕时代，形意拳的迅速发展不能不说是一个奇迹。通过田野调查和文献研究，形意拳的发展与清代镖局之间有着非常密切的关系，形意拳师多有开设镖局或在镖局任职的经历。这其中广盛镖局就是山西镖局中最有名的镖局之一。

广盛镖局是山西祁县人戴龙邦父子在河南赊家店开设的，分号设在祁县及内蒙古。戴龙邦从曹继武处学得形意拳，并传给其长子文良、次子文雄（二

◎ 广盛镖局

从此镖局旧址也可间接看出广盛镖局当时在全国的影响力不小。

闾）、妻侄郭维汉等人，1790—1795 年间，戴龙邦在河南赊家店山陕会馆前瓷器街路西开设“广胜店”，经营车马生意店，后改行做“广胜镖局”（常称“广盛镖局”）。

镖局主要力保晋商行商走货和为巨商大贾保家护院。其镖主要走山西、陕西、湖北、安徽、江苏、山东、河北、北京、张家口、天津等地。威名远播，留下了许多镖局逸事，如戴二闾喊镖过沧州、广盛镖局打擂闯天下等。

广盛镖局因镖头戴二闾年事已高，为防止失手丢镖坠名声，于 1830 年歇业，戴二闾回乡，其子戴广兴留在赊店改营过载行。时至今日，镖局旧址仍在，赊店当地人俗称为“镖局院”。

广盛镖局是形意拳名家第一次为商业服务，其后数百年间，形意拳和镖局紧密结合，形意拳师大多也是镖师，为晋商的繁荣昌盛作出了很大的贡献。

##  七、同兴公镖局

镖局一般会在大城市开设，即使总部开在其他地方，一般也会在北京等

大城市开设分号。晋商镖局更是一般会开在晋商在外地的经营场所，以利于晋商按季节“过镖”时能顺利地将“镖银”运回。但同兴公镖局则是开设在晋商的大本营之一的平遥，清时称“平（平遥）、祁（祁县）、太（太谷）是中国的银行业中心”。

同兴公镖局是平遥人王正卿在咸丰五年（1855 年）开设的（还有一说是 1849 年）。道光初年，山西平遥人王正卿在北京面馆学生意（压面条），常用压面杆（粗木椽）代替花枪舞弄，并向北京武术名家大枪刘处习得六趟大枪，后拜贾殿魁为师傅学习信拳（贾据传为道光皇帝的武术教练）。咸丰四年，王正卿回到平遥，次年开设同兴公镖局。王正卿去世后，其子王树茂任同兴公

同兴公镖局

镖局镖头。

同兴公镖局的业务主要是将晋商的货银运输至其经营地。曾因走镖途中不慎失镖而求助于文水左二把开设的昌隆镖局，两家共同将失盗之镖银追回。

传说同兴公镖局曾保护因八国联军攻入北京而仓皇出逃的慈禧和光绪，获赠一块“奉旨议叙”的匾。

## 八、昌隆镖局

苏州、杭州是晋商经营的重要地区之一，每到“镖期”，晋商都要将经营所获的利润运回山西，昌隆镖局就是为晋商运回金银的镖局之一。

昌隆镖局创办于道光二十年（1840 年）的苏州，前身为“玉永镖局（1839 年开设，一年后改名）”，昌隆镖局的镖头为左昌德，因其在家中排行老二，又以拳把式闻名“南七北六省”，人送绰号“左二把”。以家传武功“弹腿”和张德茂（号称“长眉老道”的武术名家）处学得的“绵掌”著称于世。

华北第一镖局院中的镖旗

镖局全盛时期有一百余人，著名镖师有左安民、左秉信、续仁政等，并在杭州等地还设有分号。道光二十四年（1844 年）镖局受江苏巡抚所嘱，保了到北京的一趟绸缎类黄镖，安全抵京后，道光皇帝亲赏黄马褂一件，镖旗一面，一时声名鹊起。后左安民继父业保镖，辛亥革命中（宣统三年）收撤镖局。

左二把传奇故事

昌隆镖局与同兴公镖局的关系相当好，双方曾合为追讨过同兴公镖局所失的镖银，充分说明其时镖局间竞争并不激烈，镖局间各自有各自相对固定的业务范围和走镖路线。遇到事情还会通力协作，共同维护经营安全。

## 第二节 挟技走镖 侠名远扬

"侠之大者，为国为民。"（金庸语）镖师实际是镖局的主体，在清代镖师是习武者首选的职业之一，一来可以获得较丰厚的收入，二来可以"利中见义"，不坠侠名。镖局选用镖师是非常严格的，每个镖师也都非常骄傲并爱护"羽毛"。从流传至今的各类镖师故事中，我们可以清晰地读到"侠义"，而对故事的解读也可以让我们理解"侠义"。

关键词：投身报国　京津间之盗魁　镖师风采　长拳　形意拳

### 一、大刀王五

"有此杀身立义之志，不如投身报国，广援众生，锄外侮以殿家邦，拯黎首于康乐。与其杀一以儆百，不若逐异类以强族，虽马革裹尸，亦有余荣。……侠义乎！英雄乎！国将亡矣，其勿自安于小也。"这是清代著名武术家万籁声在《武术汇宗》中阐述的侠义观。作为中国侠义文化传承者之一的镖师，将侠义始终作为自己走镖的目的与宗旨。这其中最著名的镖师就是名满天下的回族义侠"大刀王五"。

"大刀王五"王正谊（1844—1900 年），清道光二十四年生于直隶河间府故城县，祖籍关东。其父亲死后便拜沧州名师李凤岗为师，正谊臂力好、悟性高、学习刻苦，几年间就练就了一身好武艺，精通各种拳术、器械，尤以双钩、大刀为绝。1868 年，24 岁的王正谊辞别恩师，辅助师兄押镖。走镖几年间，行迹遍布长城内外、大江南北。他广交朋友，并在走镖中亲眼目睹了晚清的腐败没落，有了救国救民的侠肝义胆。

大刀王五

清光绪元年（1875 年），王正谊来到北京，先做镖师，后在北京崇文区西半壁街自开顺源镖局，为商贾运输货银和看家护院。他专心经商，严格从业规范，尽力满足雇主要求，遇险奋力退贼，遇走投无路者解囊相助。因此只用很短的时间便在同行中声名鹊起，北到辽沈，南至湘鄂，东自江浙，西至陕晋，见镖旗上有“王五”二字，无人敢犯，“任侠之流皆奉为祭酒，于是有大刀王五之称，大刀者，非以刀名，人以此尊之耳”。因其侠名远播，被河北各地侠士举为领袖，被称为“京师大侠”。“京师大侠有疏财尚义之大刀王五者，以保镖为业，能手定法律，约束河北、山东群盗。”（徐珂，《清稗类钞》）光绪二十二年，在河南一带惩治贪官污吏，人皆称快，留下了很多佳话。

谭嗣同

顺源开张一周年时，燕京著名镖师之一胡致廷向王正谊推荐一人为徒，此人系湖北巡抚谭继洵之子谭嗣同，经再三磋商，少年谭嗣同暗地跟着王五学单刀和七星剑，但不以师徒相称，不到两年便得到真谛，技艺娴熟，武功超群。王、谭往来日久，相交甚密，成为挚友。“王五为幽燕大侠，以保镖为业，其势范围，北及山海关，南及清江蒲（今江苏淮阴市），生平以除强扶弱为事，浏阳（谭嗣同）少年，尝从之受剑术，以道义相期许。”（梁启超，《饮冰室诗话》）谭嗣同的爱国救国思想对王五影响很大，逐渐形成了王五“为国为民”的大侠义精神。

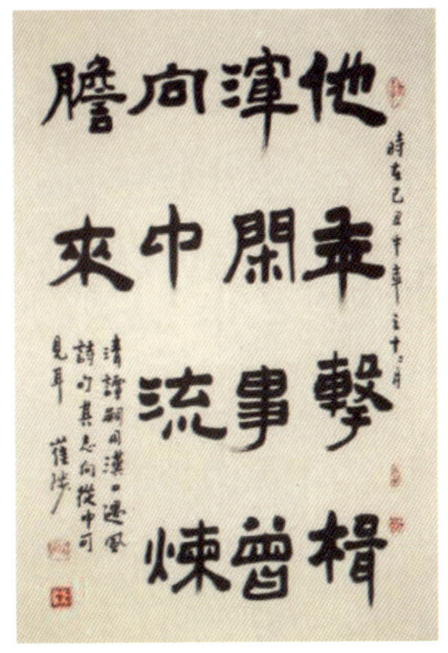

谭嗣同笔迹

王五面对国家危机四伏，清廷腐败无能，列强不断侵略的现状义愤填膺。光绪二十一年

（1895 年）秋，王五开办“文武义学”，免费招有志青年入学，并聘有名学者教授经史、新学，自授武功。随后，又在力倡新学、创立学社的谭嗣同来到北京后，在“文武义学”边教新学，边再练习剑术，直到戊戌参政。

光绪二十四年（1898 年），光绪帝接受康有为、梁启超等人的变法主张，任用维新人士，从 6 月到 9 月陆续颁布维新法令，推行新令。谭嗣同征召入京，任四品衔军机章京，参与维新变法。王五说：“维新变法是富国强民之路，也是王五所愿，能与复生同道同志，乃王五之福分。”谭嗣同的衣食住行由他操持，选派精壮武师卫护谭的住所，本人常随左右，两人志向一致，成为莫逆之友。王五终于将其“大侠”精神付诸行动。

因为康、梁寄予厚望的袁世凯倒戈，“百日维新”失败，光绪帝被幽禁，康、梁劝谭嗣同到日本避难，谭认为“不有行者无以图将来，不有死者无以酬圣主”，结果在浏阳会馆被荣禄逮捕。谭嗣同在狱中题诗于壁上，诗中有“我自横刀向天笑，去留肝胆两昆仑”之句，梁启超对此解释，“所谓‘两昆仑’，

谭嗣同故居

其一指南海(即康有为),其一乃王五也”。

王五曾密谋劫狱救谭，并招集壮士集聚顺源镖局，歃血为誓，可惜未果，诡计多端的载漪、荣禄提前行刑，将谭嗣同、杨深秀、林旭、杨锐、刘光第、康广仁 6 人杀害于宣武门外菜市口。王五闻讯悲痛欲绝，冒险收尸送于湖南浏阳安葬，义字之名轰传天下。“戊戌时，谭嗣同之受刑也，人无敢问者。侠客伏尸大哭，涤其血敛之，道路目者，皆曰‘此参政（指谭嗣同）剑师王五公也’。”(《柏岩文存》)

清稗類鈔　二八四二

來生爲犬馬以報矣。」餅人曰：「吾亦負人金，而未能悉償也。君毋憂，不責償矣。」歸而取券，面其人焚之，並贈以二十金使爲醫藥費。餅人實自號我佛山人，南海吳荷屋中丞榮光之裔也。

大刀王五疏財尚義

光緒時，京師大俠有疏財尚義之大刀王五者，以保鏢爲業，能手定法律，約束河北、山東羣盜，其所劫，必贓吏猾胥之不義財也。己卯、庚辰間，直隸劫案數十起，逐捕不一得，皆心疑王，以屬刑部，乃由五城御史發卒數百人圍其宣武門外之宅。王以二十餘人持械守門，數百人弗敢入。日暮，吏卒悉散歸。

明日，王忽詣刑部自首，時總司讞事兼提牢者爲濮文暹，異而詢之，則曰：「彼以兵脅，故不從命。兵既罷，故自歸。」詰以數月劫案，則侃侃直言其爲之者，或徒黨，或他路賊，無少遁飾。濮因廉知其材勇義烈，欲全之，乃曰：「諸劫案固於汝無與，然以匹夫而廣交遊，恣飲博，不得爲善類。吾逮汝者，將以小懲而大戒也。」笞二十而逐之。癸未，濮被簡爲南陽府知府，將之官，貧匱，憂甚。一日，王忽求見，既入，則頓首曰：「小人蒙公再生恩，無可爲報。今出守南陽，途中必多盜，非小人爲衛，必不免。且聞公資斧不繼，特以二百金爲贐。」濮曰：「今已得金矣。」王曰：「何欺爲，公今晨非貸百金於某西商而議不諧乎？」無已，盍署券付我，俟到任相償，何如？」至秋輾弭以周旋左右，則計早決矣。濮力卻不得，署券與之，遂同行。至衛輝，黃河方盛漲，金垂盡，乃以諮王。王笑曰：「區區何足難我。」言畢，乃匹馬要佩刀

大刀王五疏财尚义

年末王五返京,决计刺杀载漪、荣禄，为谭参政复仇，因防范甚严，屡不可得手。

光绪二十六年，亲率义和团战士攻打西什库教堂和东交民巷使馆区，英勇抗击八国联军入侵，九月三日与徒弟山子、二喜等义和团首领被清军送交法国军司令部，于前门东河沿英勇就义。后津门大侠霍元甲在《老残游记》作者刘鹗的协助下，盗得王五首级，才使一代侠义大侠得以全尸安葬。

当时北京盛传“十不见”竹枝词，其中一首写大刀王五：“匹马秋风胆气豪，精忠报国亦徒劳，朝官安稳鸳鸯侣，不见当年王大刀。”

王五虽逝，但其侠名被人所传颂，清末民初人徐珂所编撰《清稗类钞》就载有王五的故事，至于民间就有更多故事传说了。

### （1）匹马秋风胆气豪，疏财尚义侠名扬（徐珂，《清稗类钞》）

光绪时，京师大侠有疏财尚义之大刀王五者，以保镖为业，能手定法律（亲自制定规矩），约束河北、山东群盗。其所劫，必赃吏猾胥（贪赃枉法、奸诈狡猾者）之财也。己卯、庚辰间（1879—1880 年），直隶劫案数十起，逐捕不一得，皆疑心王，以属刑部（将案子交给了刑部），由五城御史发卒数百人围其宣武门外之宅。王以二十余人持械守门，数百人弗(不)敢入。日暮(天黑)，

"尚武"匾
以此来表达对武术的热爱之情。

吏卒悉散归（官兵们都散开回去）。明日，王忽诣（突然）刑部自首，时总司谳事兼提牢者为濮文暹，异而询之（很诧异地询问王五为什么），则曰："曩以兵胁，故不从命。兵既罢，故自归。"诘以（问到）数月劫案，则侃侃直言具为之者（犯案之人），或徒党（徒弟或朋友），或他路贼（其他的贼），无少遁饰（没有任何回避掩饰）。濮固廉知其材勇义烈（忠勇义烈），欲全（保全）之，乃曰："诸劫案固于汝无与，然以匹夫而广交游，恣饮博，不得为善类。吾逮汝者，将以小惩而大戒也。"笞二十而逐之（打了二十大板放了）。癸未（1883年），濮被贬为南阳府知府，将之官，资匮（盘缠匮乏），忧甚。一日，王忽求见；既入，则顿首（磕头）曰："小人蒙公再生恩，无可为报。今出守南阳，途中必多暴客（暴徒），非小人为卫，必不免（不能幸免此难）。且闻公资金不继（盘缠不够），特以二百金为赆（路费）。"濮曰："今已得金矣（现在已经有盘缠了）。"王曰："何欺为，公今晨非贷百金于某西商而议不谐乎？无已，盍署券付我，俟到任相偿，何如？（您何必欺骗我呢？您今天早上向一个西洋商人借一百两银子，不是没谈妥吗？没事，您写个字据给我，等您上任了再还给我，这总行了吧？）"至执鞭弭以周旋左右（拿着鞭子和弓箭在濮左右反复劝告），则计早决矣。濮力辞不得（推辞不了），署券与之（写了字据给他)，遂同行。至卫辉，黄河方盛涨，金垂尽(全掉进了水里)，乃以语王(就告诉了王五)。王笑曰："区区何足难我！"言毕，乃匹马佩刀去，从者皆疑其往劫(去抢劫)也。薄暮旧(太阳快下山的时候)，解腰缠五百金掷几上。濮曰："此盗泉也，吾虽渴，决不饮一滴，速将去。"王大笑曰："疑我劫乎？区区五百金，何至无可贷(借)？此固某商所假(经商朋友所借)，不信，可召而询之。"乃书片纸令从者持去。次日，商来，以券呈(把借据呈上)，信然，始受之。王既送至南阳，仍还京理故业。

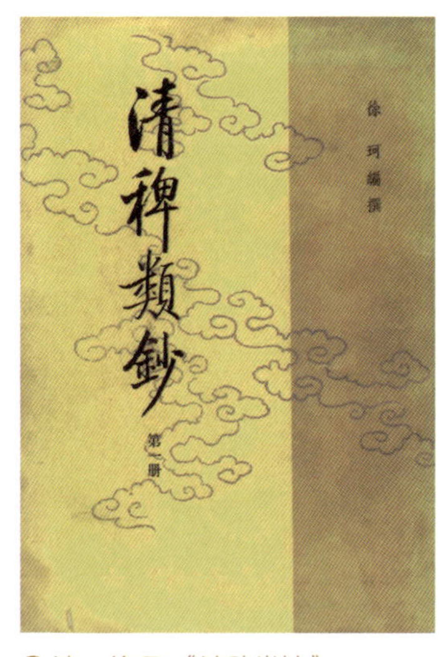

清·徐珂，《清稗类钞》

(2)礼义失而求诸野，镖师王气节矜尚(民国·佚名，《慧因室杂缀》)

晚清以来，士大夫浇薄成风(人情淡薄，相习成风)。翻云覆雨，眨眼若不相识(转眼就好像不认识)。而市井间屠沽卖浆之流(屠夫、卖酒者、卖茶者)，转以气节相矜尚(转而以坚持正义而夸耀)，毅然孤往(独自去做)，行其心之所安(只求心安)，所谓"礼失而求诸野"也(信念、诚信在庙堂失传了，只能到民间去寻求)。大刀王五者，京津间之盗魁(盗首)。光绪庚辰岁，刑部檄(发檄)五城御史往捕，不得。越数曰，五自诣部投到，侃侃自陈，不少隐讳(没有隐讳)。时部中司谳事者，为溧水濮文暹，简南阳知府(出任南阳知府)，贫不能成行，五贷款送之抵任(五借款送他到任上)。安侍御维峻(侍御史安维峻)，以言事忤旨(因直言而违背圣旨)，谪戍军台(因罪而被遣送至西北边远地方)，五慕其直节(王

五仰慕其守正不阿的操守），资以车驼（资助其车马），护之前往。

### （3）王五压镖遇蛟龙，阵中结义保畅通

光绪十七年（1891 年），顺源镖局接到一笔生意，从北京护运十几万两白银到天津，距离虽然不太远，但数目巨大，于是决定由王五亲自押镖，随行镖师有二喜、山子等 12 位，都是武术强、水性好。从齐化门装了满满三艘镖船出发，王五站在头艘船首押镖瞭望。往天津运送官银的消息已被活动在下西河水域的大盗赛蛟龙的耳目探得，镖船刚驶至下西河，赛蛟龙的劫镖大船便迎面驶来。王五见状急令："前有恶虎拦路，轮子盘头，各抄家伙。"（前面有人前来劫镖，把船靠在一起，各自拿兵器。王五和赛蛟龙所说的是江湖行话，前文已述）然后停船，抱拳施礼说："当家的辛苦了。"赛蛟龙还礼说："掌柜的辛苦了，请问穿的是谁家衣，吃的是谁家的饭？"王五答道："穿的是朋友的衣，吃的是朋友的饭（朋友即指劫镖的盗匪），朋友听真，我乃线上朋友，你是绿林兄弟，你在林里，我在林外，都是一家。"赛蛟龙说："久仰贵局宝号，名动江湖，大刀王五，侠名远著，在下田野之人，无缘得见，不知能否赏面一现？"王五答道："好说了，不敢当，在下王五便是，朋友闪开，顺线而行，不可相拦。山后有山，山里有兽，去了皮净肉。是朋友听真，富贵荣华高台亮，走各念。"赛蛟龙方知对手便是名震江湖的大刀王五，自知是劲敌，却又不甘当着身边 30 多位兄

"武魁"匾

它是习武者所梦想得到的一种荣誉。

**延伸阅读**

《清稗类钞》，为清人徐珂编，涉清时各科，纷糅杂陈，语颇拙朴，波磔皆不甚具。然繁冗赘砌，刻意于微末，可为清史之补正，可为嗜好者享。徐珂（1869—1928 年），浙江杭县（今杭州）人，光绪举人，为《辞源》编辑之一，个人著述甚多。

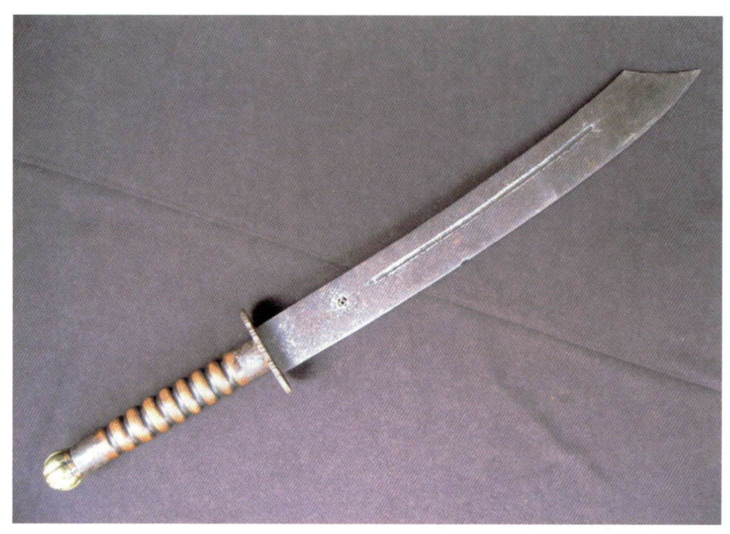

大刀王五的刀

弟的面就此罢手，只好说："得缘相见，三生有幸，掌柜的是江湖英雄，我也是绿林强豪，今日我用手中枪会会掌柜的手中刀，若胜我一招，就各不相扰。"这就说明了赛蛟龙要和王五单打独斗，王五无奈，只好拿起大刀便请对方进招，赛蛟龙也不客气，举枪便刺，双方缠斗在一起，几招之后，王五在赛蛟龙抽枪变招的瞬间，大刀一撩，震开长枪，一刀劈在赛蛟龙的左臂上，赛蛟龙疼痛难忍，脱手丢枪。然而，王五这一刀是用刀背砍的，并未致其伤残，而后也未再进招相逼。赛蛟龙感激万分，抱拳施礼说："掌柜的高义，令弟敬佩。"王五答道："在下一时失手，望当家的多加原谅。"赛蛟龙说："王五兄，今后有我赛蛟龙闵清（江湖常规，败了也不一定报名字，一报名字说明心悦诚服了）在这一带，插贵镖局镖旗的船只通过，我当尽力保护。"王五知其诚心实意，遂与之结为好友。王五、闵清以武会友之事被传为江湖武林佳话。



## 二、会友群雄

### （1）"神拳"宋老迈

宋迈伦（1809—1893年），名彦超，字迈伦，河北冀州（今冀州市漳淮

◆ 当年镖师练习宋迈伦改进的三皇炮锤拳时的合影

乡赵家庄村）人。人称“神拳宋老迈”，清朝中叶著名的爱国武术家，其父宋奇策曾任清朝大学士。

迈伦自幼聪慧，“凡有所习，无不过人，然性情豪迈，立志远大，有投笔从戎之志”。他酷爱武术，自9岁开始练习武术，学过多门拳法，技艺渐精，20岁便中了武秀才。为了提高武技，他四处求教，广拜名师，30岁时在峨嵋山巧遇三皇炮锤拳大师“乔龄真人”，并拜乔龄真人为师，学习三皇炮锤拳和赵家（汉代赵云）大奇枪。迈伦跟随乔翁习武数年，深得乔翁赏识，师徒二人情同父子，乔翁将三皇炮锤之妙、赵家大枪之绝及平生所学尽传于迈伦。乔翁去世后，迈伦闭门谢客，三年苦练，深研拳理，集各家精华，终于创出了三皇炮锤拳独特的技法“夫子三拱手”，此法出手二三招即见胜负，甚为奇特，并使三皇炮锤成为练拳、练气、技击三位一体、气劲合一、刚柔相济的优秀拳种，俗称宋派三皇炮锤。宋迈伦又在赵家“大奇枪”法的基础上，吸取杨继业、罗成、戚继光三家名枪的精华，创出“子龙三十六点大枪”之枪法（此枪法流传至今，是很珍贵的大枪套路）。此时宋迈伦武功已相当高深，成为名声远扬的武林大师。

鸦片战争以后，宋迈伦以满腔爱国之心“荷戈投效，遍走南北”。1845年，36岁的迈伦胸怀壮志进京投皇家神机营以图报国，神机营内武林高手云集，但宋迈伦未遇敌手，“不及三合皆胜于他人”，被授“五品顶戴花翎”，江湖尊称“神拳宋老迈”，名声远扬。后因目睹清政府软弱腐败，迈伦对功名心灰意冷，毅然离去，“游幕京畿”，传徒授艺。迈伦非常注重对弟子的爱国教育，忠心报国的话语“不绝于口”。后来迈伦在北京创办“会友镖局”并经营数年。1893年宋迈伦故于家乡赵家庄，时年84岁。众弟子为其立“宋迈伦神道碑”

一尊。

### （2）京城名镖李尧臣

李尧臣（1876—1973 年），河北冀县李家庄人。著名的爱国武术家。

尧臣幼年正值清朝末年，政治腐败，民不聊生，社会动荡不安。当时他家乡习武风气很盛，这一则是为了保卫家乡，二则是为了防身，一般人见面，总是操着浓重的乡音问：“你熬过两灯油么？”因为那时各村都有拳场，农闲时在场子里练，农忙时就在油灯下练。熬过两灯油就说明你下过工夫。李尧臣也熬过两灯油，学的是太祖拳，在家乡算是功夫不错的了。

光绪十六年，李尧臣刚 14 岁，就背井离乡跑到北京谋生，先是在荷包行学徒，四年后经人介绍，进了会友镖局。拜宋彩臣为师父，师叔鲁玉璞，以及王芝亭、王福泉、胡学斌等，都是会友镖局中武艺超群、震响当时的著名镖师。李尧臣的长辈与会友镖局素有来往，会友镖局练的拳术叫三皇炮锤。江湖人称“神拳宋老迈”的宋迈伦就是冀县人。这为李尧臣能入会友镖局创造了条件。他学的拳术主要是三皇炮锤，后来又学六合刀。随后又练大枪三十六点、二十四式。还学水上功夫，尤其是水里使的短家伙，有分水拋、雁月刺、峨嵋刺、梅花状元笔等等。也学使暗器，如飞镖（也叫斤镖，因为



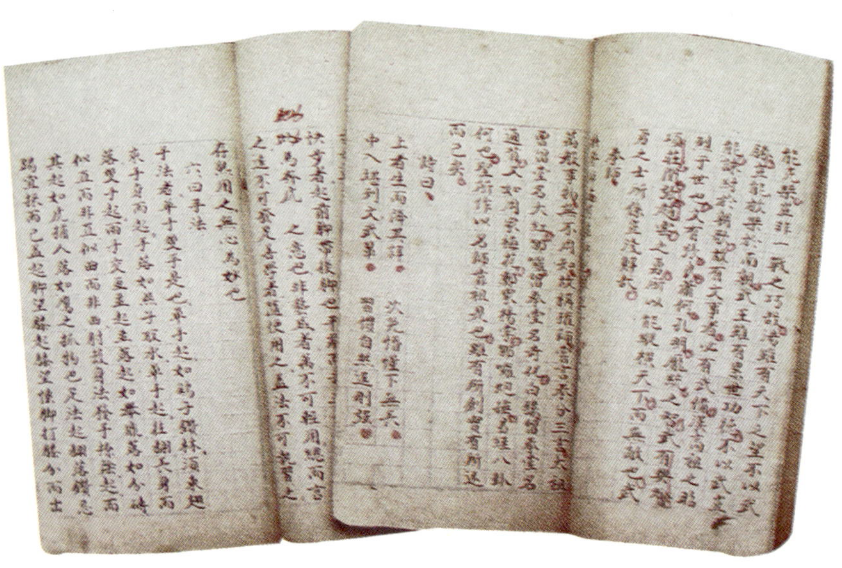

三皇炮锤拳谱

一个镖有一斤重)、紧背花装弩、飞蝗石子等。学好功夫后,李尧臣开始了自己的镖师生涯。

李尧臣在会友镖局前后共待了 27 年,期间经历了无数次的千里走镖、护卫坐镖。留下侠名侠事无数,直到 1921 年,历经近百年的会友镖局才最终解散,李尧臣的镖师生活也到此结束了,但镖师经历使李尧臣理解了“侠义”的真谛。他认为:“一人练武可以强身,全家练武可以强族,全民练武可以强国。”于是在天桥水心亭开了个茶社,倡导武术,起名“武术茶社”。来的人可以随便练武、比武。看的和练的都不花钱,只是喝茶才付两个铜子。

其后,李尧臣又在比武切磋中认识了身怀“绵掌”技艺的老先生(名不详),绵掌连绵粘随,变化莫测,专能以柔克刚。老先生有感于李尧臣直率、真诚,有功夫、有名气却仍虚怀若谷,不存在门户之见,便将“绵掌”传授于他。李尧臣学得此术,并将它揉进三皇炮锤中去,使刚劲的炮锤拳刚中带柔,柔中带刚,功夫又高深了几层,形成了新的风格。从而为炮锤拳的发展做出了重大贡献。

1931 年“九一八”事变后,英勇的二十九路军将士,秣马厉兵,准备迎

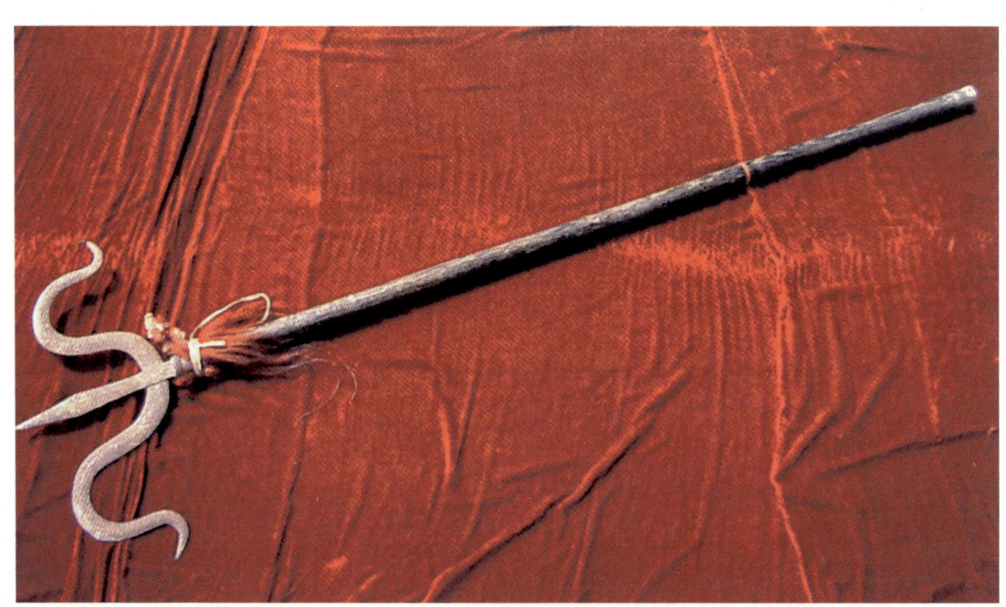

燕翅镗

现在很少有人会使的古代兵器。

击日寇的侵略。副军长佟麟阁特请李尧臣到部队中去教大刀。李尧臣根据战刀的特点，结合无极子路刀练法，创编出一种套路，起名无极刀。这趟刀实战性很强，挥舞起来，既可当刀劈，又可当剑刺，大大增强了士兵白刃战本领。在长城要隘喜峰口战役中，二十九军将士充分发挥了大刀的作用，追杀日军六十余里，砍杀敌人近百名，缴获大炮十八门。

最后的镖王——李尧臣

日寇侵占北京以后，由于暗探告密，李尧臣被日伪警备司令部抓住。日本军官武田西自认武术高强，提出要和李尧臣比武。如果李尧臣赢了，就可以释放；如果输了，就要给武田西磕头拜师。比赛选在三月三日，这天正好是蟠桃宫庙会。先比拳，武田西两次被李尧臣打倒在地，再比刀，李尧臣又轻松获胜。日伪警备司令部只好把李尧臣放了。

其后某日，日本人在北京、天津、南京、上海四处摆擂和中国人比武，愿意参加的随便报名，凭抽签顺序和日本人较量。李尧臣正在南京，于是报名较量，日本人看他是个老头儿，轻视他，结果在让了对手三拳后，迅速将其打下擂台。

新中国成立后，李尧臣激动万分。1953 年，他率领徒弟积极参加抗美援朝捐献飞机大炮的义务演出。毛主席、周总理、朱委员长、贺龙、陈毅等中共首长，曾多次请他表演武术，讲解武术真谛。贺龙同志对他所讲的浑元一气的养生之道特别赞赏。他生前是全国武协委员、北京市武协助理，曾多次应邀担任武术比赛裁判长。直到九十多岁的时候，他还常常手持龙头拐杖，胸前飘动着雪白的胡须，往来于南北城之间。在天坛、地坛、东单、景山、陶然亭、中山公园等处指导青年习武。每当他扔掉拐杖，以龙行、虎坐、蛇身、雕爪的独特风貌出现在人们面前时，人群中必会爆发出如雷的掌声。

1973 年，李尧臣去世，这位经历过前清、北洋、民国、日伪、新中国等时期，历尽沧桑的镖师为世人谱写了一首侠义人生之歌。

### （3）黑老宋敢摸老虎腚，会友客穷追护英名（李尧臣，《保镖生活》）

会友镖局虽然是很有影响的大镖局，但镖途险恶，镖局所押运的多是贵重物品，有些大胆的贼匪为一夜暴富，有时会主动找镖局下手，由于贼匪在暗处，镖师在明处，一时不慎，就会失镖丢命。

光绪二十七年（1901 年），会友镖局曾遇见这样一回事，会友镖局接了一号买卖，由保定往天津运 10 万两现银，这是盐法道的银子，当时叫做“皇杠”。都是 100 两一个的大元宝，10 个元宝装一个鞘。会友派了 8 个人保着，由河路分坐四条大船运到天津。船走到下西河，遇见税务司拦住要检查。税务司有好几十人，都穿着号坎、青坎肩，白边，白字——税务司。

镖局子的头儿赶紧跟他们打招呼，说：“我们运的是饷银，没带私货。”税务司的人挺横，说：“我们奉了上谕，饷银也不行，也得查。”等他们一上船，才知道是土匪改扮的，要劫“皇杠”。我们当然不能轻让，两下就交手了。

风火轮和三星刺

当年镖师用过的现在已经很少见的古代兵器。

我们一个船只有两个人，他们一船上来 20 多人。他们人多，我们人少。结果我们 8 个人死了 4 个。剩下的 4 个人，赶忙派人去报告地面（官府），请求官兵保护，官兵赶到一追，才把他们吓跑。因为银子是 1000 两一个鞘，100 两一个的大元宝，他们抢到了手也没法运走，我们一追，扔得满地都是大元宝。我们想法运回船上，还失落了不少。地面上想，一定有落在庄稼地里被庄稼人捡去的，县里出了告示追查，陆续又送回来不少。最后一计算，只丢了两鞘多银子。这笔损失当然由镖局赔偿。

镖局子遇见这件事，当然不能善罢甘休。派人一打听，才知道为首的人叫做宋锡朋。宋锡朋本来是冀州李家庄人，自幼武艺出众，后来加入了义和团。义和团失败，他就聚了一帮人，在黄村南边庞家庄当了土匪。开始只有五六百人，后来人越聚越多，声势越来越大。我们走镖的都没法走了，于是八家镖局一合计，决定合在一块和他们交战。那次他们有两千人，镖局子才百十来人。宋锡朋两手使枪，枪法极好。可是他的部下都不是练家子，手使大砍刀，只会些笨功夫，不是镖局子的对手。但他们人多，又是以死相拼。镖局子要想把他打垮也不容易。彼此纠缠了好几个月，一直追到保定，才把他们打垮。宋锡朋跑到东三省，入了马达子（胡匪）了。就在这一年，我们送个官到吉林上任，走到老爷岭，恰好遇见了马达子，两下交手。有人说，宋锡朋正在里面，我们怕他报仇，就退回来去报告地面，由官面帮着我们，打了半天，才过了老爷岭。

到了光绪二十八年（1902 年），这时两宫已经回銮，北京城又恢复了从前的秩序。会友镖局忽然得着冀州衙门的来信，说是宋锡朋已经偷偷回到冀州李家庄，在家里藏起来了。会友镖局就派焦朋林、卢玉璞带着我们 40 多人前往冀州，由冀州马队带着，出其不意地把宋锡朋的住宅给团团围困起来了。宋锡朋是神枪手，可是架不住我们的人多。他把子弹打完，只好和我们交手。焦朋林上去，用夫子三拱手的拳法，把他擒住。这已经是五更时分，天将放明了。宋锡朋被捕，押解到北京。西太后听说他是神枪手，想看看是怎样一条好汉。宋锡朋戴着脚镣手铐，西太后一见，说："敢情是这么一个人哪。"后来，宋锡朋又解到保定，在保定给杀了。人头砍了下来，在各地示众了好多天。

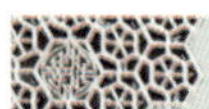

## 三、镖不喊沧

### （1）李冠铭

李冠铭

李冠铭，清道光年间人，从师泊头镇八里庄曹寿（一说是楚文泰，与曹系同门）学习六合拳,天资聪慧且肯吃苦,"有奇力,性负气"（民国,《沧县志》），渐成一代武术大师。

当时有镖局的镖车经过沧州，大喊镖号，冠铭非常生气，说："例镖客至一地，必先以刺通谒其地之技击者，然后喊镖，不然则为大不敬。"于是"驰马追之，超其前有石坊，冠铭手攀坊梁，以股夹马起，马跳嘶不能少动"，露了这惊世骇俗的一手绝技，顿时使"镖客大骇"，连忙道歉并乞求，"冠铭始大笑，驰去"。这件事之后，镖局车队经过沧州时，就相互告诫，不再喊镖，时间久了，逐渐成了惯例，称为"镖不喊沧"。

李冠铭艺成返沧，传其侄李凤岗，授徒王殿臣、刘玉庭等，并在沧县（今沧州市）大南门外经营成兴镖局。

### （2）李凤岗

李凤岗

李凤岗，直隶沧州人，为清真教友，别号"双刀李"，与赛胜英陈善，大魔周长春（沧州另外两大高手）为总角交（童年相交的好友），精技击，尚义气，擅少林燕青（拳名），即猊猔之别称，功夫老到，飞高走远之能，在陈周以上，弱冠（少年）时习轻身术（轻功），跑簸箩边，初习时簸箩内置砖块二百余斤，每日练习三次，逐渐减少砖块，十五年技大成，簸箩内空无所有，亦能飞行其上，四十年前（1840 年左右），沧州城坚固，城周（周长）十余里，李起行垛口上，绕城一匝（圈），日日练习，数十年不稍间（间断）。

李凤岗陈善周大魔，在沧州以治技名震大江南北，故镖师押镖过沧州，向来不喊镖，以示同道尊敬之意，某日有镖师过城，喊镖过街，进北门出南门，初无人过问，镖师意自得（洋洋自得），心为沧州徒拥虚名耳（只有虚名罢了）。或有诉于李者，李意弗善（非常不高兴），乃肩（背上）粪筐赤足着布衫布裤作乡民捡粪状，绕至城南八里许，地名红孩口者，系连量河湾，由镖车之前面，以粪钗迎头铲粪，镖车来而伪为不知者，镖师高声言曰老秀（老头），欲速死乎，须即滚开，李则置若罔闻，铲粪如故，镖师愈怒，上车走向李曰，小子聋乎？抑或寻对头耶（想找死呀），近前欲攫（擒住）李，意在掷于河堤，方（刚刚）伸手，为李捉住右腕，用卷拿法（一种擒拿法）掷镖师于几丈外，镖师目瞪口呆，右腕伤矣，镖师者，身强体壮，虎背熊腰，远胜李十倍，人皆为李危（都认为李危险），镖师视李，瘦小枯乾，似无缚鸡之力者，亦易之（应该容易对付），所谓轻敌者败，信哉，李掷镖师后，乃肩粪筐，驱镖车返城。

客商出资治酒，宴全城武术家，镖师赔罪始末，时李年仅 17 岁也，明岁为清咸丰元年（1851 年），洪杨之役，石达开部将林凤祥率军攻沧州，即俗所谓（俗称）"小阎王造势"，满汉回三族，共议守城，李持大枪，坚守南门，枪杀林军百余人，城破和城官员无一幸免，三族人民被害者，约数万人，尤以满人为众，李率武士十人，通出北门，尾追于后，未至北门，从者因寡不敌众，悉为所杀，李痛哭越城而遁（逃走），斯役也（这场战役），甚有全家被杀，或仅剩一婴独者，可谓惨矣，事平得无名尸甚多，咸葬于北门一塚中（都葬在北门外的一个坟内），迄今巍然类（好像）土山者是也，旁有碑碣，记其事实，有姓名者，皆记于城内昭忠祠。

玉具剑

通长 45.1 厘米。



李享寿九十余，无病卒于家，其子启侗，亦精技击，颇有乃父之风，今尚健在焉！（金恩忠，《国术名人录》）

### （3）刘德宽（大枪刘）

刘德宽 (1826—1911 年)，字敬远，河北沧州人，人称大枪刘，清末著名武术家。

刘在家学得父亲刘仕俊之鹰爪拳术，后向李凤岗学六合拳、董海川学八卦掌、杨露禅学太极。武技高超，尤以大枪闻名，这套枪法只五个姿势，共五趟，看起来非常简单，但非常实用，名为八卦枪，具有六合枪的精髓，结合八卦掌转圈之特点，枪掌相融，据说神到能在穿衣镜上扎苍蝇，人称为“神枪刘”或“大枪刘”，有歌对刘赞曰：八卦大枪真可夸，磨盘用枪难招架。枪里加棒最为强，专讲截法人难防。有人学会此扎法，万马军中全是他。

刘先在神机营当过差，中年后在和盛镖局、北京永胜镖局当镖师，在京、津一带走镖。

## 四、形意镖师

### （1）戴龙邦

戴龙邦（1713—1802 年），字尔雷，山西省祁县小韩村人。清乾嘉时期著名的武术家。《心意六合拳序》的作者，鼍、鲐二形的创始人，心意拳北派之祖。也有一说为戴隆邦。

戴家为山西祁县历代名族，在河南十家店开设“广胜（盛）店”。戴龙邦13 岁时即随父经商，后巧遇曹继武先师的著名高足李政（一说为戴龙邦于池州拜自称为“南山郑氏”的曹继武为师），学得心意六合拳，勤学苦练，几易寒暑，始得五行、十行真传，并得其师所释《拳论·十法摘要》及《姬际可自述》等珍贵墨本。

乾隆末年间（1790—1795年），戴龙邦的长子文良（大闾）、次子文雄（二闾）、妻弟郭维汉等皆至河南十家店，帮龙邦执旅店业，兼学武艺，由于广盛店内众人为人豪爽义气，待人以诚，且武艺高强，因此侠名远播，时十家店山西商人需将经营中所获利的货银运回山西，担心货银不安全，求龙邦帮忙。龙邦遂将广盛店改名为“广盛镖局”，专营镖局生意。在千里走镖的生死实战中磨炼技艺，龙邦有感于扬子江内鼍浮于水中，凶猛异常，心有所感，遂创鼍形；后又有感于鲐于水中回游，如护尾之状，遂创鲐形。完善了心意六合拳。

某日，龙邦因误接皇镖，并在压镖过程中与前来劫镖的“红胡子”结下梁子，虽然因保住皇镖而得到了朝廷赏赐的黄马褂，但龙邦自感年事已高，便金盆洗手退出江湖，回到祁县小韩村，专心研习武术。并将心意拳禁锢，只传子、侄及内亲，不再外传。以至祁县有老话流传“只见戴家拳打人，不见戴家人练拳”。



虽然龙邦已经退出江湖，但走镖中所结下的仇家仍然想报仇，于是某年

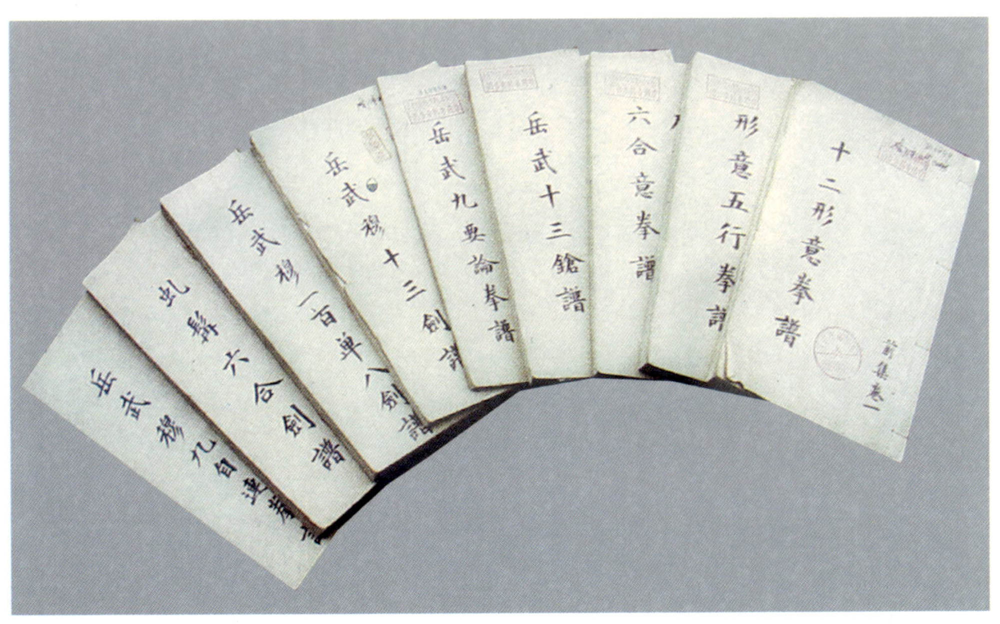


关于形意拳的书

农历三月二十九（年代不可考，约在1802年前几年），偷袭了戴家大院，戴家仓促应战，虽击退贼匪，但长子文良惨死。龙邦悲痛欲绝，气郁成疾，一病不起，于1802年去世，享年89岁。

## （2）戴二闾

戴二闾

大名文雄，戴龙邦的次子。二闾武功出众，德艺双绝，在父亲创办镖局、创编戴家心意拳大业中功不可没。二闾的“美人挂画”技震中原，声誉满神州。

戴二闾（1769—1861年），本名戴文雄，乳名二驴，清朝中期著名武术家。

二闾系戴龙邦次子，从小就臂力过人，聪颖绝顶，骨骼清奇，灵巧如猿，才举步时，其父便手授桩功，后随李政学得心意拳，二闾勤学苦练十易寒暑，深得拳理奥妙，获艺最精，名响乡里。

待二闾成人后，在父所开的广盛镖局任镖师，开始了走南闯北、风餐露宿

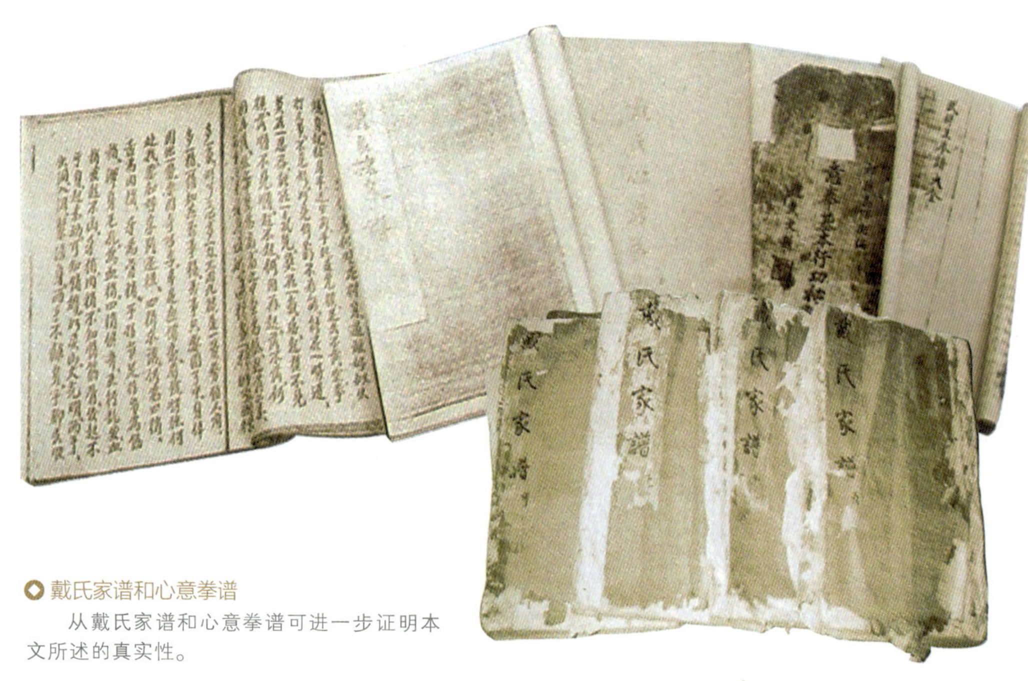


戴氏家谱和心意拳谱

从戴氏家谱和心意拳谱可进一步证明本文所述的真实性。

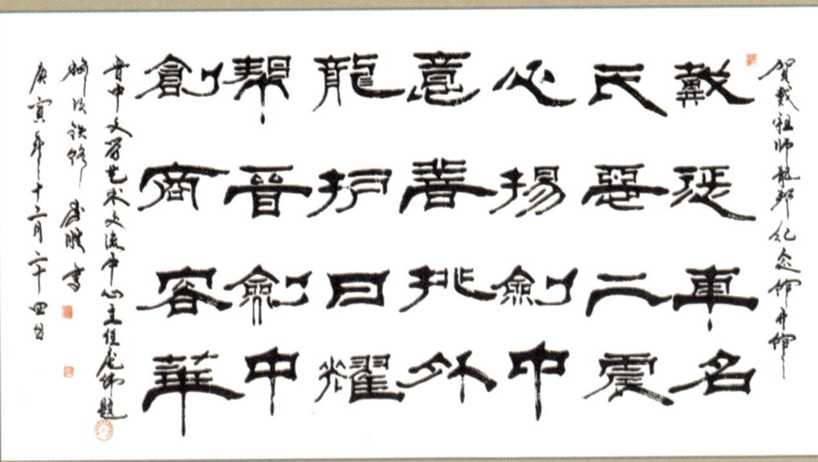

◆ 戴龙邦纪念馆开馆题词



的走镖生涯，因二闾把“以镖护商、以商养武、以武交友、结友壮镖”作为走镖宗旨，虽技艺高超但虚怀若谷，从不轻易人前显耀武技，而且还积极地铲除响马贼寇、资助贫民志士和维护地方治安，故二闾及广盛镖局之名远播。

后因戴龙邦因年事已高，便携子回到祁县，广盛镖局息业，专心练武。龙邦去世之后，二闾在当地开设“太汾镖局”，专为晋商服务，常往来于北京、东西口（即张家口、包头）一带。

1861 年，二闾去世，享年 92 岁。

### （3）李老农

李老农（1803—1888 年），又名李飞羽，亦称李洛能，字能然，号老能，深县（今属河北）人。清末著名形意拳宗师。

老农少习武功，苦练数十年，却技不如人，年三十四经商贩钟表于山西太谷县，惊奇龙邦拳理精妙、拳技高超，遂别母离妻，千里迢迢到戴家学拳，然多次登门均被拒绝，但老农心诚意坚，便在小韩村租地种菜为生，等待时机，为戴家送菜两年，未取分文，二闾感其心诚，遵母命于道光十九年（1839 年）正式收其为徒，苦练形意，四年只会一套劈拳，半趟崩拳。师不多教，生不多求，经用功勤练，修为渐达高深莫测。有一日，遇友曾君叙旧，曾君臂力过人，少林拳法精妙，同治年中武进士，好与人较技。久未谋面，曾极欲试老农之功夫，便趁其不备，悄袭其后，抓住举起便摔，哪知刚一松手，老农即腾空而起，飘然落下，稳如泰山。武进士大惑不解，疑能会邪术。老农说："功夫已至修虚归无矣。"

老农先在二间所开的"太汾镖局"中任镖师，边学边练边实战。道光二十九年（1849 年）时，老农受太谷富绅孟綍如之聘，离开祁县，到太谷城中护院。孟綍如待老农如"座上客"，咸丰六年（1856 年），老农收车毅斋为徒，后又收贺运亨、李广亨为徒。

同治二年（1863 年），老农加入"太谷镖局"，再次走镖千里。

老农后与弟子车毅斋等潜心研究心意拳的改革与创新，将多年走镖中实战所得出的经验融于技术之内，并对心意之拳理、拳法有了更深的认识与了解。决定将心意拳改名为形意拳，取"外形"与"心意"合一之意，即内与外、思与行统一，始有形意拳之闻名于世。

后老农返回河北深县，在当地传授山西六合心意拳。

### （4）车毅斋

车毅斋（1833—1914 年），名永宏，字毅斋，人称车二师傅，山西省太谷县桃园堡村人，后移居太谷县贾家堡。清末著名形意拳大师。

毅斋因家境贫寒未能上学念书。早年在太谷富户武福蛮家（有一说是孟綍如）当车夫，毅

车毅斋

斋虎背熊腰，体格健壮，臂力过人，使枪弄棒，自带三分，具有练武的先天资本。机缘巧合，时老农在武家护院并教武氏之子学拳，毅斋从门缝中习得五行拳，并勤学苦练，动作规范，拳势低沉紧凑，终被老农发现，喜毅斋勤奋吃苦悟性高，遂收为徒。

由于老农在武家当护院武师，而毅斋为武家赶轿车，师徒得以朝夕相处，研练六合心意拳。自得名师指教后，车先生便昼夜发奋苦练，二十余年，终于在形意拳的造诣上达到炉火纯青的地步。内劲浑厚爆发力强，手法神妙莫测，身法变化无穷，每次与人相较无不随心所欲、手到成功，成为老农最得意的门徒之一，为武林同辈中之佼佼者。据传，老农高足郭云深，长于形意五行拳中之崩拳，有“半步崩拳打遍天下”之称。后听其师傅说，他不及山西的毅斋，便很不服气。于光绪十五年（1889 年），跋山涉水，远道而来太谷，拜访师弟毅斋。二人见面如故，寒暄之后，云深水不喝，饭不吃，便迫不及待地要与师弟交手。当时，毅斋辞谢。云深急以崩拳直上。毅斋极善顾法，只顾而不攻，云深便紧逼毅斋至墙角处。在云深使出成名绝技发劲之时，则不见毅斋，正疑惑间，毅斋在云深背后轻轻一拍曰：“师弟在此。”就这一招，

车毅斋武馆

云深连连叹服曰:“还是兄弟功夫好。”之后,云深在太谷学习数月,拜谢辞去。

毅斋技成之后，主要在山西祁县、太谷一带保镖护院，山西太谷城内武家吉安堂，太谷上庄王家四隆堂，太谷北洸村曹家三多堂，山西祁县乔家堡，祁县乔家斋忠堂等，均为山西祁、太二县巨富，重金聘请毅斋为教师兼护院，轮流留住各家。以镇强匪并教习形意拳，其弟子多为祁、太二县城内商号之掌柜，使晋商商号内习武成风。毅斋授徒不论贫富，故弟子众多，人称“有艺无艺，车二师傅徒弟”，又称“通天教主”。由于弟子关系，商号内有时掌柜与伙计为师兄弟，当晋商车队往返于千里、万里的田野之时，往往是人人能战，个个会打，使沿途盗匪自危，这使得晋商车队的安全性非常高。

随着晋商的发展，毅斋之名轰动全国，时祁县乔家与北京载沣王爷交情甚厚，王爷听说山西毅斋武艺高超，便约毅斋来京一见，毅斋在京大败王府武士，受到王爷喜爱，报皇帝恩准，赐毅斋为清华翎五品军功（见车毅斋墓碑志）。

清花翎五品军功车君毅斋纪念碑

毅斋闻日本武士大摆擂台，骄横不可一世，便悻悻然去了天津，欲以比武，“日人奋然临，毅斋慢然应，倭败色沮愿师之，毅斋婉谢焉，人问其故，毅斋曰：岂可使吾国绝技而传之外人耶？（摘自车永宏先生墓碑记）”。表现了高尚的民族气节。

### （5）李存义

李存义

李存义（1847—1921年），原名存毅，字肃堂，后改名存义，字忠元，河北省深县南小营村人。清末著名形意拳大师。

存义少时家贫，以赶车为生，长期练习长短拳并周游各地，幼拜刘奇兰为师，复从董海川、郭云深详加指导，遂入化镜，因是技艺冠绝侪辈，海内闻名。

甲午年，存义从刘坤一将军充武术教习，剿匪有功，升充两江督标把总。后遂辞职赴保定府，开设万通镖局，藉广交结，北方武师，多与有深谊。

1900年，存义以53岁之龄，毅然投身义和团，手持单刀上阵，奋起抗击外敌，一时间“单刀李”之名，不胫而走。事败后，存义到太谷避难，并向师伯车毅斋学习拳艺。毅斋命弟子李复祯保护其安全，并推荐其为当地富商孟氏护庄。

宣统三年（1911年），存义与叶云表在天津创办中华武士会。后任教上海精武体育会、南洋公学院（交通大学前身）等地。

### （6）戴奎

戴奎

戴奎（1874—1951年），字明祯，山西省祁县小韩村人。清末著名武术家。

戴奎乃是戴文雄的孙辈，学艺于其父戴良栋。自幼聪颖过人，经过其父的言传身教和自己的勤学苦练，练就了出神入化、炉火纯青之功。

晚清时，山西祁县史氏开办的大盛魁商号、祁县乔氏开办的复盛公商号，都是塞外著名的

戴奎莅临包摄影纪念照片

大商号，但其运货驼队曾多次在蒙古草原被土匪抢掠，造成很大损失。据说，领头的劫匪绰号“流矢儿”，其人武艺高强，伸臂可举牛犊，起脚能踢伤烈马，摔跤赢遍草原，射箭百步穿杨。他把不少厅、旗衙役捕快收为徒弟，又充当官吏的保镖。他的公开身份是跤王拳师，暗中却与响马贼寇勾结，作恶草原。史、乔等商家深受其勒索、敲诈之害，曾多次雇请名镖师惩治其人，岂料那些被雇来的镖师，都被流矢儿打得落花流水，遁迹潜踪，再不敢在草原露面，流矢儿在草原越发嚣张。

为解决这一草原毒瘤，山西商人派一名叫二旦的商人，手提重礼来到戴宅。其时众人都觉得戴奎为人性寡孤傲，又不再像始祖戴龙邦，名师戴二闾一样从事镖局生意，故对能否请得动戴奎没有把握。二旦见到戴奎后便将史、乔二商在外受害之事禀告，待戴奎听得怒形于色时，二旦又把厚礼送上，请他出山相助。谁知戴奎一言不发，竟将二旦连人带礼推出家门。二旦无奈，只好垂头丧气重返包头。

山西到包头，杀虎口是必经之路，此地匪患也最厉害。二旦刚到此，便被一群土匪围住，要留下千两买路银，否则暴尸荒野。二旦正在危难之际，突然见戴奎一人闯进圈里，三拳两脚撂倒不少土匪，拉上二旦就跑。不想走出数里，又被一群土匪拦住，又要买路钱，领头的自称是“流矢儿”的大弟子飞骆驼。戴奎一听是流矢儿的人，怒起心头，一挟一跃先将二旦放在临近屋顶，随后飘然落地，对众匪大打出手，转眼就撂倒七八人。飞骆驼见状便亲自上阵，照戴奎致命处就是一拳，戴奎轻轻闪过，未等敌手回转，已插进敌裆，大喝一声，将飞骆驼打翻在地。众匪见状，纷纷逃窜。戴奎也不追赶，轻轻一跃，上房将二旦接下地面，对瘫在地上的飞骆驼说了句：“我是祁县戴奎，不服气到包头找我。”便与二旦扬长而去。不出五天，流矢儿的战书传到戴奎手中。戴奎如期从包头赶到归化时，流矢儿早已带来数百名弟子及各厅、旗官场要员助阵，誓与戴奎决一雌雄。流矢儿身高体壮，形如罗汉。他见戴奎骨瘦如柴，气焰更盛，遂顺手将场外一个 300 斤重的圆锥石磙举起，扔到戴奎脚下。戴奎嘿嘿一笑，右脚一踩，将石磙就地转了两圈，猛一抬脚，已将石磙送到半空，不等石磙落地，一个“蜇龙登天”，已将石磙送出一丈开外，物落原地。流矢儿所带之人见状大吃一惊，流矢儿也不敢怠慢，便先向戴奎动手。戴奎连破对方致命攻击，而流矢儿更加疯狂。于是戴奎拿出戴家绝招，趁流矢儿猛扑之际，顺势发出裹拳，又出其不意拍向敌人左臂，呼地一下点住了对方腋下“夹窝穴”。不可一世的流矢儿一下蹲在地上，起不来了，只见他脑袋耷拉，涎水流出，二目发怔，面无人色。流矢儿对众徒弟艰难地说了声：“扶我回去。”流矢儿回到家，没出七天，气血难通，一命归天。消息传到包头，轻财好义的戴奎辞掉史、乔二家谢礼，返回了祁县。

## 五、兄弟镖师

### （1）王正卿

王正卿（1801—1877 年），字松庵，号“面王”。山西省平遥县南良庄人。是平遥近代武术奠基人。

王正卿出身寒苦农家，幼时身体羸弱瘦小，但力大过人，酷爱武术。1817 年时，为生计所逼，背井离乡，到北京做工学做生意，久之，虽无高师指教，却功底扎实，武技颇佳。传闻，一次正卿因事外出，路经前门大街，偶遇一达官贵人过往，马前差卒喝镖，与正卿夺路引起纠纷，惹出事端。对方扬武抖威，施枪于正卿，正卿略施一技，将枪一扭两断，又将捅来大枪，再折而毁。对此，官人非但没有恼怒，反而对正卿赞赏不已，一时在京都传为奇闻佳话。

王正卿

正卿为人得到京城武术名师刘大枪赏识，纳其为徒，学艺三载，尽得大枪技艺。后拜贾殿魁为师（贾乃刘之师兄），暑往寒来，经五载苦学，尽得信拳真传。其间，结识文武全才的举人常义，两人成莫逆之交，从常义处，正卿学得深奥的拳技哲理，终成武术名家。

道光十一年（1831 年），江西道台朱文聘王

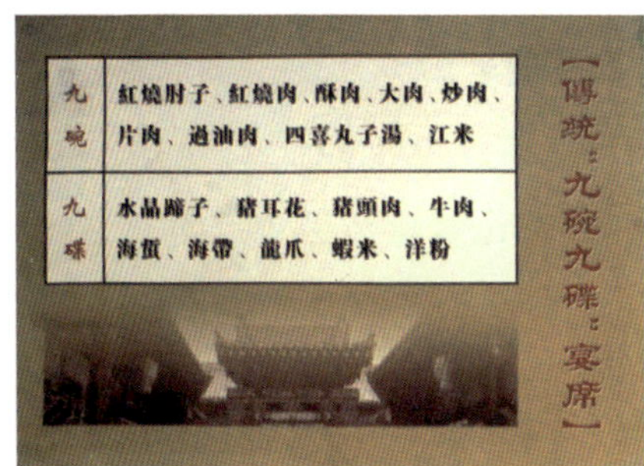

【傳統：九碗九碟：宴席】

| 九碗 | 紅燒肘子、紅燒肉、酥肉、大肉、炒肉、片肉、過油肉、四喜丸子湯、江米 |
| --- | --- |
| 九碟 | 水晶蹄子、豬耳花、豬頭肉、牛肉、海蜇、海帶、龍爪、蝦米、洋粉 |

【傳統：八八：宴席】

| 一八 | 龍爪、海帶、大洋米、洋粉、片肉、水晶肘、肘花、變蛋 |
| --- | --- |
| 二八 | 青梅、櫻桃、門冬、瓜條、香蕉、桔子、菠蘿、蘋果 |
| 三八 | 大肉、燒肉、酥肉、肘肉、糟糕、瓦酥、牙酥、馬蹄酥 |
| 四八 | 炒肉、片肉、丸子、湯、稍麥、水餅、餅日、糖圓 |
| 五八 | 象圓、尾殿、啼吧拐、全肘子、猩猩嘴巴、長山藥、桃、高麗肉 |
| 六八 | 燒鷄、燒鴨、燒魚、燒小豬、烤全羊、葱卷、韭卷、束木肉 |
| 七八 | 猴頭、蟹黄、魚翅、冰糖銀耳、燒象心、幹貝綉球丸、蝦子玉蘭片、珀龍魚 |
| 八八 | 海參、八寶粥、糖漂蓮子、魚肚籽、會百合、帶魚蛋、醪糟葛仙米、紅燒神幹貝 |

【傳統：四四：宴席】

| 十六碟 | 海帶、羊粉、龍爪、海米、香蕉、桔子、菠蘿、蘋果、青梅、門冬、瓜條、蜜棗、牛肉、片肉、冰糖排骨、醬鵝舌 |
| --- | --- |
| 四海碗 | 海參爬肘子、紅燒肉、酥肉、八寶粥 |
| 四大盤 | 糖醋魷魚卷、木耳大炒過油肉、苜蓿肉、炒菜 |
| 四燴碗 | 三鮮湯、湯漂丸子、湯漂蓮子、醪糟 |
| 四小碟 | 炒肉片、苴蓿炒羊肉、辣子爛鷄片、糖醋丸子 |
| 千層餅、稍麥、比日、花花、饅頭、四喜餃子、大米、全家福、漱口水 | |

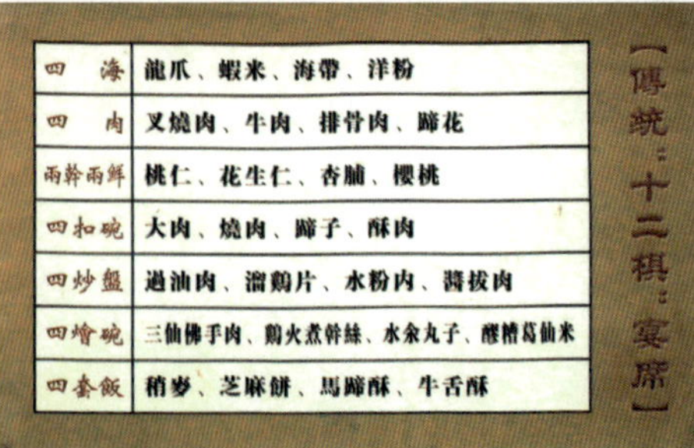

【傳統：十二棋：宴席】

| 四海 | 龍爪、蝦米、海帶、洋粉 |
| --- | --- |
| 四肉 | 叉燒肉、牛肉、排骨肉、蹄花 |
| 兩幹兩鮮 | 桃仁、花生仁、杏脯、櫻桃 |
| 四扣碗 | 大肉、燒肉、蹄子、酥肉 |
| 四炒盤 | 過油肉、溜鷄片、水粉肉、醬拔肉 |
| 四燴碗 | 三仙佛手肉、鷄火煮幹絲、水氽丸子、醪糟葛仙米 |
| 四套飯 | 稍麥、芝麻餅、馬蹄酥、牛舌酥 |

镖局宴席菜谱

由此图可知镖师虽是习武之人，但对生活礼节等方面还是比较重视的。

正卿为武术教习。道光十七年（1837 年），朱文奉使河南，正卿相偕而往。以武艺辅佐朱文治政。当时豫地盗贼四起，响马大盗猖獗，明抢暗窃，告状不迭，积恶如山。清王朝命朱文彻底治理这一棘手之隅。有一悬案，首犯明确，只因捕快无能，不敢缉拿，使其长期逍遥法外，作案不断。道台朱文命王正卿执此案犯。正卿徒手，带一徒弟持刀前去完差。进得贼穴，明言相告，奉命捕拿匪首归案，只几回合，即将顽匪戳倒在地，此举威震河南。正卿闻名遐迩。

学

道光二十年（1840 年），正卿应师兄张正山之邀，在其家当武术教练。道光二十四年（1844 年），转肃宁县朱家庄执教。咸丰四年（1854 年），告别江湖生涯，返回故里。

咸丰五年（1855 年），正卿与其子王树茂在平遥城内南门头开设了“同兴公”镖局。由于正卿父子武艺出众，其大枪出神入化、防不胜防，其信拳开合自如、发劲整捷。保镖五十余年里，以走京晋为主线，为晋商的发展保驾护航，立下汗马功劳。

某年因疏忽失镖（年代、原因和过程均未能考证），遂找文水左二把帮忙，合力将所失之镖追回。两人也因此惺惺相惜，结为八拜之交，正卿比二把大七岁，为兄，他们经常切磋武功，相互交流，合力运镖，互相扶持，至名声更甚，在华北一带颇具影响。

### （2）左二把

左二把（1808—1879 年），原名左昌德，左

左二把

左家遗址

二把是其绰号，山西省文水县孝子渠村人。清末著名武术家。

二把身材魁伟，力气过人，自幼随父左文法学习家传绝技弹腿（亦称潭腿），后随河北省沧州人“长眉老道”张德茂学习绵掌，武技非常高。“王家的枪，戴家的手，左二把的弹腿天下走”至今在华北地区流传。由于二把以拳把式闻名“南七北六省”，加之其在家排行老二，便获绰号“左二把”。

二把 17 岁随父到北京西华门外经营车轴生意，后因跟张德茂学艺离开父亲，28 岁时返回北京，其时父已病故，二把继承父业，打理车铺，但由于不善经营，车铺歇业，二把便浪迹江湖。道光十七年，二把因抱不平打死“奶官府”掌事二少爷，只得避祸离京，南下闯荡。1838 年，二把到苏州师傅“长眉老道”张德茂开设的“玉永镖局”谋事，师大喜，次年便将“玉永镖局”更名为“昌隆镖局”，并交由二把经营，于是二把开始了三十余载的走镖行侠生涯。其子安民、孙秉信、灵石县坛镇的续仁政等都随二把习武保镖。后受王正卿邀请，与其全力追“失镖”。在此过程中，两人结下了深厚的友谊，结拜为兄弟。两强联手，使左二把在华北一带侠名更盛。

苏州是晋商主要的经营地之一，二把主要保晋商之银货往返于苏晋之间，为晋商的发展保驾护航，立下汗马功劳。

道光年间，昌隆镖局接奉浙江巡抚的镖，押送贡品“苏绣七禽图”等到北京，快捷、安全抵京，帝心甚悦，赐黄马褂一件，黄色镖旗一面，二把威

名远扬，镖路更畅。

同治十年（1871 年），二把金盆洗手，将昌隆镖局交由其子左安民经营，返归文水故里养老，教乡亲学拳，名震乡里。

光绪五年（1879 年），二把病逝。

## 六、巾帼镖师

### （1）剑娥无奈闭门居，俄将逞强自取侮（《清稗类钞·技勇类》）

光绪初，张家口有镖师邓魁者，能传其始祖鸣谦之业（会口技），善剑本枪法（善使剑和枪）。有女曰剑娥，年十四，魁以逐马贼中伏枪死，乃代其业（就做了女镖师），有年矣，矢志不嫁（决心不嫁人）；能立马上击空中雕鹗，枪无虚发，皆贯其目，其他无伤也。一日，忽告母曰："火器盛行，武技渐绌矣（武术技能渐渐失势了）。盗之器械皆视我为精（盗贼的武器都比镖局的好），今惟以情谊名誉羁之耳（现在主要凭借情谊名誉约束他们）。父果以何而殒命乎（父亲就是因此而死的）？生活之资今已粗具（生活的钱已经有了部分），不如改业之为愈也（不如改行，才是正确的）。"母诺。乃买田奉天西关外，闭门以居。庚子（1900 年），娥年二十余矣。俄军南下，奉母避田野（侍奉母亲躲避在乡村）。母旋卒（母去世），未及葬，一日，俄将入其家，见娥，将拥之以行（要带她走）。娥微笑曰："能抱起我，当从汝（就顺从你）。"俄将竭其力，迄不能撼（也无法撼动）。须臾（突然），娥稍振其衣（娥稍微发力），俄将顿颠出十步外（将俄将打出十步之外），大怒，叱之（骂她），从卒争趋而前（小兵们争着上前），娥直立如故，卒皆仆（兵都被打倒）。俄将出小枪将发（俄将拿出手枪要发射），娥亟夺之（娥马上夺了），握之于右手，而左手挟俄将，力掷之于地，使跪，复蹈其背（又踩其背），俄将方哀免之（俄将才哀求希望放了他）。从卒已回营，告其伍（告诉队伍），须臾，众至，俄将伏地呼曰："若曹今惟乞和耳（现在形势下只有乞求和解），否则吾先不免（否则我必死）。"俄将之妻方为看护妇（俄将的妻子是随军护士），亦在军，因随众而至，为之再三乞哀，娥令立誓，旋释之（才放了）。

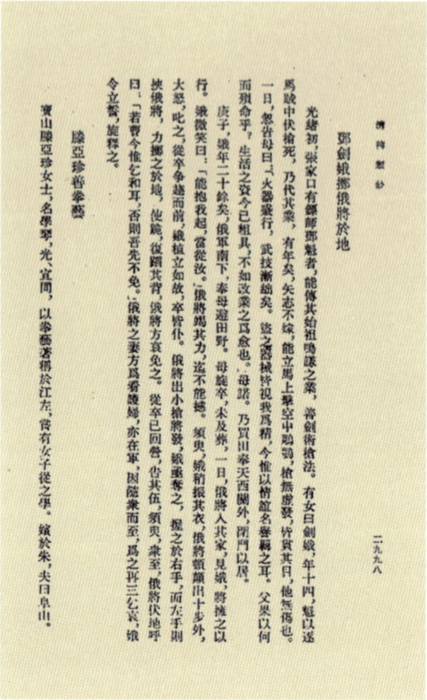

邓建娥掷俄将于地

### （2）倪镖客感恩嫁女，女镖师护主杀盗（《清稗类钞·义侠类》）

同治己巳、庚午间（1868—1870年），鲁大饥（山东饥荒甚重），寇盗横行，胶州以东无一安乐土。胶东有镖客倪孝者，工技击（工于武术技击），以其事母孝（以此为事孝奉母亲），故以孝名。女曰惠姑，年十七，美而艳，从父习拳勇，得秘传。倪以盗多（倪因为当地盗患多），道梗难行（道路艰难多阻），家居授徒数十辈（倪孝居家授徒达数十人），胶之富人争以重金为聘，以备非常（以备非常情况）。倪乃令其徒各领一队，周巡警视，盗弗得逞（盗贼不能得逞），因憾倪（对他不满）。胶牧（胶州地方军政长官）李某偶获积盗（偶然捕获一伙惯盗），诬倪为渠魁（诬称倪孝是盗魁），捕致之（捉来倪孝），刑讯殊惨（严刑逼讯）。倪极口呼枉（倪孝极力喊冤），曰："小人固捕盗者，非盗也。有胶之绅富某某可保证也。"牧乃命具保结释倪（具保释放）。倪感牧德，等於秦州。江畔沙民往往匿視官長，而懾服於余之一言，丁之欲揄余也，蓋由此。

余自得檄，立赴轅門，將所持剌付閽者以待命。丁壯其膽，延入，以客禮見之。語移時，丁起謝曰：「子爲繞所中，罔罪實多，子真可謂善人者矣。」蓋余善人之稱，則固久著於大江南北也。余以任卹功，由諸生得保訓導，卒時年六十有六。

倪惠姑護主殺盜

同治己巳、庚午間，魯大饑，寇盜横行，膠州以東無一安樂土。膠東有鏢客倪本者，工技擊，以其事母孝，故以孝名。女曰惠姑，年十七，美而艷，從父習拳勇，得秘傳。倪以盜多，道梗難行，家居授徒數十輩，膠之富人爭以重金爲聘，以備非常。倪乃令其徒各領一隊，爲巡警視，盜弗得逞，因猛倪。膠牧李某偵獲積盜，誣倪爲盜魁，捕致之，刑訊殊慘。倪號口呼枉，曰：「小人固捕盜者，非盜也。有膠之鉅富某某可保證也。」牧乃命其保結釋倪。倪感牧德，願獻女爲牧侍妾，牧曰：「叟休矣，除暴安良，牧之職也。今釋叟，爲公，非爲私也。於法，無以部民女作妾者，叟休矣。」倪感泣而歸，由此感牧愈深，遇年節，輒登堂叩謝之。

越歲，牧因公被劾。牧吳産，將攜眷南旋，以歷官久，囊橐頗豐。倪知之，詣牧曰：「饑饉之後，盜賊充斥，小人老矣，不能隨護南行。女貌雖陋，然有謀勇，果使侍君左右，水陸險阻，無慮也。」牧鑒其意誠，納之。時惠姑年十八，從之俱南，行李以百計，僕從如雲，盜少不敢舉。盜法，凡偵得輜重可圖者，或以

義俠類 二七九一

倪惠姑护主杀盗

愿献女为牧侍妾，牧曰："叟休矣（不必如此），除暴安良，牧之职也。今释叟，为公，非为私也。于法（依法而论），无以部民女作妾者（不可纳部属民之女为妾），叟休矣。"倪感泣而归，由此感牧愈深，遇年节，辄登堂叩谢之（年节都上门叩谢）。

越岁（次年），牧因公被劾（州牧因公事被劾黜官）。牧吴产（牧产业在吴地），将携眷南旋（举家南归），以历官久（在外为官很久），囊橐颇丰（行装财物较多）。倪知之，诣牧曰："饥馑之后（饥荒过后），盗贼充斥（盗贼四起），小人老矣，不能随护南行。女貌虽陋，然有谋勇，果使侍君左右，水陆险阻，无虑也。"牧鉴其意诚，纳之（纳为妾）。时惠姑年十八，从之俱南，行李以百计，仆从如云（行李、仆从都很多），盗少不敢举（小股盗贼不敢轻举）。盗法（盗贼的规律），凡侦得辎重可图者（凡探得有行李辎重可图的），或以寡不敌众，则通远程伙合以谋（便与远处盗贼勾结起来合伙劫掠）。故举事迟而伙益众（其动作越晚则盗贼越多），志在必得也。

时牧已去胶数日，计程行三百里有奇，抵西鲁界（抵达山东边界），觅宿所（觅店投宿时），有旅舍后室横通三院，墙高丈余，仅一门容出入，牧欲居之。惠姑谓牧及夫人曰："妾观此屋，若为谋闭行客者（这种房院很像用来谋害住店行旅的），逆旅主人必非善辈（店家一定不是善良之辈）。夜深或有变，请主人静觇之，勿高作声，妾自有制之之法，不使匪类得志也（不会使匪类得逞）。"牧大骇。惠姑乃预为布置（惠姑即预作一番安排），居牧于室之东偏，使二婢伏西室内，曰："呼而后出（叫你时再出来），出取玻璃灯安窗下，使彻院如白昼（出来就把玻璃灯放到窗下以照亮全院子）。"己乃着箭袖青绸短袄（自己身着箭袖青绸短袄），锐头皮鞋，鞋尖置钢（脚穿钢尖锐头皮鞋），锋利无对，腰

利刃（腰带利刃）。严装讫，灭烛跃身登门额（吹灭灯烛跃身登上门额），屏息以待。

夜既深，寂无声。店主人小燕青，盗魁也（盗贼头子）。窥牧辎重，乃预集群盗之杰者（事先邀集了群盗中的高手），各操利器，跃登后壁，伺便而入，余盗潜伏四周。先一人跃下，久而不出，曰："何迟迟也（怎么这样慢）？"又二三跃下，久又不出，乃相顾愕然。小燕青曰："若辈了不长进（你们这些人总无长进），是何大事，乃尚须劳乃公耶（还得劳我亲自动手）？"遂跃入院中，欲脱关（刚要拔栓开门），刃已中颅，而不知其何自来也，跌十数武外（跌出数步之外）。忽自空下一人，坐胸际（坐到他胸上），举佩刀欲砍，而肩被制，臂软不能为力（肩膀受到控制而臂软不得用力）。凝神间，乍闻娇音唤婢举灯，至，一幼妇耳。惠姑曰："我初至，观其形势，知是对手，果巨凶也（果然是个大盗）。汝为旅店主人，不知害人多少，待杀却（杀了你吧），惜污我刃（可惜污了我的刀）。"乃割其耳，截其足，以药揉之，血立止，时则天已曙矣（这时天已亮了）。惠姑释之去，曰："留汝残生，为尔曹戒（作为对诸盗的警告）。"乃偕牧夫妇仆从，整顿行李，首途南下（起程南下）。

### （3）某京宦镖局求保，女镖师杯屑毙盗（《清稗类钞·技勇类》）

乾、嘉之际（乾隆、嘉庆年间），行北道者咸苦盗贼（走北道的人因为路上时常会遇到盗贼，都很苦恼）。有京宦川人某，欲运银数十万旋蜀（想运送几十万银两回四川），往某镖行延（请）镖师，则均他往（都出去跑镖了），惟一十龄丫角女在焉（只有一个十岁的小女孩在），行主令应召（镖头命令她接镖）。届期（到了约定之日），女跨黑卫来（女孩骑着黑马来了），不持寸铁（没有拿任何兵器），宦惴惴（官心中惴惴不安）。抵潼关犹未暮也（到了潼关时天还没黑），女命停车，指道旁一大逆旅曰："可止此。"及入店，则已有伟丈夫十数人（此时已经有数十个身强力壮的大汉），耽目视银车（虎视眈眈地看着银车）。宦大骇，女坦然若未睹（女孩却很坦然，像没看见一样），命将银车入。女年稚，沿途皆独宿一室。是夕（晚上），饭毕，命众睡，自索茶壶及杯阖门而寝（自己拿着茶壶、茶杯关门就寝），宦率众执械，守女室外。漏三下（三更时分），微闻屋瓦有声（微微听见房顶瓦片上有声音），自庭隙窥之（官宦自己到庭院里偷偷窥视），盗已满女室之顶，宦再窥女，方秉烛观书。

少选（过了一会儿），屋瓦移故址（屋顶的瓦片被移开了），盗注目下窥，女斟茶徐饮，饮尽，覆杯碎之（把杯子一翻捏碎），成细块一堆（成了一堆小块），一手执书以阅，一手拈杯屑弹之（一手将杯子的碎屑弹出去）。及杯屑尽（等到杯屑被弹完），灭烛睡。黎明，女启扉，命众登屋收尸，验之，则盗双目中微有血点耳（盗贼双眼中都有微小的血点）。其死也（他们的死因），盖杯屑弹入目而贯脑耳（大概是杯屑弹到眼睛里而贯穿了脑袋）。

### （4）武举逞强僧告诫，天外有天针毙盗（《清稗类钞 · 技勇类》）

丹徒武举文某善拳术（丹徒武举文某长于拳术），力举数百斤，气不喘，面不赪（同“赪”），道光时人也（道光朝的人）。一日，过广陵（途经广陵），口渴，欲得杯水，苦无茶肆。逡巡入破寺（便寻到一座破寺），则见一老僧趺坐蒲团，文乞饮（文某上前讨水喝），不答，击之（怒而以拳相击），拳着其胸如棉（拳打僧胸如碰棉花），而手大痛，亟长跪求恕（赶紧跪下请求宽恕）。僧始张目曰：“何卤莽乃尔（为何这么鲁莽）？吾，峨眉十八郎也。尝事一师（从师学武），吾与同学凡十八人（我和同学武的共十八个人），皆擅绝技（都身怀绝技），余次十八（我排行十八）。

 

黃褂衣之，倉卒間不得小者，即以成人之衣被之。及謝恩起，而褂長拂地，不能行，乃命侍衛抱以歸。高宗御製詩有「老我策驄尚武服，幼孫中鹿賜花翎。是宜誌事成七律，所喜爭先早二齡」之句。蓋高宗以十二歲時，從獵木蘭，初圍得熊，宣宗則初圍得鹿，年十齡也。

高雙鳳三射三中

乾隆末，吳妓高雙鳳寓揚州小秦淮畔。天長林道源方與人校射淨香園，高旁觀久，擄袖前，請射，三發而三中。

鏢師女以碎杯屑斃盜

乾、嘉之際，行北道者咸苦盜賊。有京官川人某，欲運銀數十萬旋蜀，往某鏢師行延鏢師，則均他往，惟一十齡丫角女在焉，行主令應召。屆期，女跨黑衛來，不持寸鐵，官惴惴。抵滄州猶未暮也，女命停車，指道旁一大逆旅曰：「可止此。」及入店，則已有偉丈夫十數人，耽目視銀車。官大駭，女坦然若未覩，命將銀車入。女年稚，沿途皆獨宿一室。是夕，飯畢，命衆睡，自挈茶壺及杯閉門而寢，官率衆執械，守女室外。漏三下，微聞屋瓦有聲，自庭隙窺之，盜已滿女室之頂，官再窺女，方秉燭觀書。少選，屋瓦移故址，盜注目下窺，女斟茶徐飲，飲盡，覆杯碎之，成細塊一堆，一手執書以閱，一手拈杯屑彈之。及杯屑盡，滅燭睡。黎明，女啓扉，命衆登屋收尸，驗之，則盜雙目中微有血點耳。其死也，蓋杯屑

镖师女以碎杯屑毙盗



羅綏步行，若無物，纔斷若枯。及晚年，乃綜所學，擇尤者演爲七十二首，每首凡三變，名曰三展。而學者每苦其難，至三十六首輒止，未能概盡其妙。後其技仍見稱於人，號曰羅家三展。

某婦以針刺斃人

丹徒武舉文某善拳術，力舉數百斤，氣不喘，面不赬，道光時人也。一日，過廣陵，口渴，欲得杯水，苦無茶肆。逡巡入破寺，則見一老僧趺坐蒲團，文乞飲，不答，擊之，拳着其胸如棉，而手大痛，亟長跪求恕。僧始張目曰：「何鹵莽乃爾？吾，峨眉十八郎也。嘗事一師，吾與同學凡十八人，皆擅絕技，余次十八。一日，次十二、次十三者告於師，謂有夫婦二人南下，保鏢銀數百萬，南下欲劫之，虞勿勝。諸人爭欲助之，跪於師前，求下山，師許之，余亦與焉。余既行，止滄關外某山以俟之。旋知鏢抵關內一逆旅，衆議即夜劫之，漏初下，命余先往探。既至，躍登其臥室之屋頂，窺知其夫醉臥，婦方倚燈製履，鏢車列櫩後。余惴惴，方恨諸人不至。俄見婦時以針抹頭上油，或就窗上刺之，既而婦忽仰首曰：『十八郎可下。』余心知不可逃，揭瓦而下。婦啓窗，指庭中曰：『速移之返，否則余夫醒，汝亦危矣。』蓋庭中有十七人之尸也。余乃肩十七尸越關出，檢視各尸，儘眉心有一刺痕，蓋婦以針刺窗時，即十七人中針而殞矣。葬事畢，余披剃爲僧，今七十矣。子其猛省乎！」文汗流浹背，即辭歸。

 

某妇以针刺毙敌

一日，次十二、次十三者告于师，谓有夫妇二人南下，保镖银数百万，南下欲劫（同‘劫’）之，虑勿胜（我们想劫又恐怕不能取胜）。诸人争欲助之（众师兄争相请求一同下山劫镖），跪于师前，求下山，师许之，余亦与焉（我也随同前去）。余既行，止潼关外某山以俟之（赶到潼关外一座山上等候）。旋知镖抵关内一逆旅（知道镖车已投宿关内一家旅店），众议即夜劫之（决定夜里到店行劫），漏初下（刚入夜），命余先往探（命我先去探看）。既至，跃登其卧室之屋顶，窥知其夫醉卧（窥见那男的醉卧），妇方倚灯制履（妇人正倚灯做鞋），银车列榻后（镖车就排列在床后）。余惴惴（我惴惴不安），方恨诸人不至（正恨师兄还不赶快来劫）。惟见妇时以针抹头上油（只见那妇人不时用针抹头油），或就窗上刺之（或往窗上刺去），既而妇忽仰首曰（然后，妇人突然仰头说）：‘十八郎可下。’余心知不可逃（我自知逃不掉），揭瓦而下。妇启窗，指庭中曰：‘速移之返（快点将尸体弄回去），否则余夫醒，汝亦危矣。’盖庭中有十七人之尸也。余乃肩十七尸越关出（我赶忙把 17 具尸体跳墙送到门外），检视各尸，仅眉心有一刺痕（仅仅是在眉心处有一个刺的痕迹），盖妇以针刺窗时（原来当那妇人用针刺窗时），即十七人中针而殒矣（中针而死）。葬事毕（安葬了师兄们），余披剃为僧（我便出家为僧），今七十矣。子其猛省乎（你是否能深刻理解呢）！”文汗流浃背，即辞归（立即拜别而归）。

镖师坐镖看护过的王家红门堡

# 第六章

# 镖商落幕　义侠流芳

只经历了短短的二百余年时间，镖局风风光光地产生，悲悲壮壮地消亡，崩塌之速，让人瞠目结舌。社会治安的恶化使原本以“情谊名誉羁之”的镖匪关系不再；深受镖局运输慢、险苦的晋商也适时推出了票号业务，走镖运现变得不再重要；原本羁匪的武技也因火器盛行而渐拙矣，“盗之器械皆视我为精”了，夫复何言？镖局在三方合力的作用下迅速退到农村，举步维艰的坚持了几年就销声匿迹了。往昔的辉煌已成过去，只留下一些旧址还让人回想起当时的意气风发。正所谓“羁匪无门武技绌，晋不需求镖局落”。

镖局作为一种行业永远退出了历史舞台，原本在镖局中走镖、守镖的镖师再入江湖，或隐于市，或隐于商。其时，已经进入 20 世纪，正值国家、民族危难之时，“识时之士，渐知拳术之为国魂”，曾经的镖师们纷纷走上了以武救国之路，开启“为国为民”的新思想。

# 第一节　治安恶化　票号开办

镖局的产生是建立在侠义精神基础之上的，原本就是以“情谊名誉羁之”，这种相对脆弱的信用关系并不是一成不变的；原本就存在着良莠不齐的江湖时不时会出现一些败类；原本镖局也是有能力和实力解决败类的，但当你都不知道盗匪来自何方，并且不知道与之搏是“行侠仗义”还是“助纣为虐”时，镖师以“侠义”走镖的精神世界也就迷茫了。

关键词：三种盗匪　省路费　免转运　防劫失

当一种社会现象跟不上历史的车轮时，被别的现象所替代就是一个不可避免的趋势。镖局本已经艰难的生意运营明显已经赶不上晋商前进的步伐，票号作为时代进步的产物就如同镖局产生时产生的轰动效应一样。在商业为票号欢呼的呐喊声中，镖局落幕了。

## 一、羁匪无门

正辉煌时，镖局生意一落千丈，究竟是什么原因使镖局如此之快地崩溃呢？其实镖局产生之时，就已经埋下倒下的隐患，镖局是以武术为基本技能来进行经营的，镖局对盗匪有着矛盾的心理，一方面他们把盗匪认作衣食父母，对盗匪是爱恨交加，没有盗匪在路上或偷或抢，商人也不会将众多的财物交给镖局进行长途运输；另一方面又把盗匪视为眼中钉肉中刺，盗匪不仅会对他们所保护的财物进行盗抢，而且有时还会对镖师的性命形成威胁。

草原上的劫匪

到了清末民初，不仅部分镖局有了枪支，许多盗匪都配上了枪支，且数量还未必低于镖局。

镖局路上所遇之盗匪有三

祁县晋商旧宅



类：一是占山为王的职业盗匪，二是流窜作案的专业盗匪，三是饥寒交迫的业余盗匪。此三类盗匪特点各不相同，在不同的时期数量也各有差异，对镖局经营形成的威胁也不相同。

占山为王的职业盗匪多为有一定政治目的的集团，也有借政治目的而行恶的团伙。其特点是有一定的活动地盘、固定的势力范围，呼啸山林却又有相对固定的住所，既和政府对抗，又不愿过分激怒政府。镖局在接镖时，大都走自己熟悉的线路，因为对这条线路上各个职业盗匪都比较熟悉。职业盗

十八般兵器

匪们铤而走险的目的是盗窃、抢劫钱财。他们也希望“和气生财”，在神不知、鬼不觉的情况下盗取财物是最好的方法，实在不行只好拦路抢劫，但也希望对方腿脚发软、跪地求饶，因为图财而杀人害命是一种最好不采用的方法，而且杀人的过程中必然要引起被盗抢者的反抗，妨碍图财的顺利进行，同时一旦出了人命，地方官由于职责所在不得不过问，事情闹大了，不但捕快会奉命限期缉匪归案，甚至巡防营也会出动限期剿灭以绥靖地方。职业盗匪也就不好在这块地面上混了，所以职业盗匪拦路抢劫时总是凶神恶煞般，满脸杀气，横刀舞枪，一副山大王的面孔，商人行旅见到后吓得叩头求饶，或是弃财而逃，那是职业盗匪们最期待的结果，因为不费吹灰之力就可得来财物。所以，职业盗匪们也不愿意遇上镖局的车队，双方一旦发生冲突，鹿死谁手都不一定，即使职业盗匪们占得上风，也需要付出极重的代价，这是职业盗匪与镖师都不愿意看到的情景。而镖局的目的是保障雇主生命、财产的安全以收取报酬，和盗匪武力对抗是镖师为了达到目的的一种手段，但却不是唯一的手段。而且这种手段也是镖师最不愿意采取的一种手段。因为镖师和盗匪无冤无仇，镖师也无剿匪缉盗的责任和义务，说不定镖师和盗匪之间还是同门师兄弟，即使不是同门，至少也是同根，武林中常有一句话：“天下武林

是一家。”横在两者之间的鸿沟是盗抢与保护的关系，镖师遇到盗匪，两者之间都有畏惧心理，二者都是吃武艺饭的，敢出来走镖的一定是武艺高超，敢来劫镖的也一定剽悍勇猛。一旦交手，谁胜谁负还真不好说，败了就可能会输掉性命。所以，在镖路上镖师与盗匪虽然经常相遇，可是真正“打”起来的百不遇一，发生流血事件更是少见。一般双方都会各退一步，礼让三分，镖师承认盗匪是其衣食父母，并备份礼物送上。盗匪也就见好就收，放镖师过去。这样双方都达到了目的，镖师顺利完成了任务，职业盗匪也安全地挣足了面子撤退，至于图财未成，那不必担心，会有那些无抵抗力的商旅让其实现目的的。因此，镖局在走镖时，常走的线路，那条线上作案的盗匪会给面子，可以平安送到。武术虽然是镖局生存的基本技能，但大多数的时候是靠人际关系就能摆平。因为，镖路走熟了，这一路上盘踞的各个山头、村口的盗匪、路霸打交道多了，对镖局走镖就不再盗抢了。镖局也很知趣，路过时，把镖旗收起，把架子放下，低头通过，逢年过节时，拿上礼物去登门拜访。久而久之，双方还成了朋友了。所以，对普通商旅人身和财物形成最致命危险的职业盗匪并不会对镖局形成最致命的威胁。

流窜作案的专业盗匪是对镖局经营形成较大威胁的敌人，这类盗匪唯一的原则就是钱，他们的特点是居无定所、神出鬼没、打一枪换一个地方、机动性强；而且都是“专业”级别的，专业水平（武术及盗抢技巧）很高，防不胜防；更为威胁的是这类专业盗匪往往是主动找镖局下手，因为镖局保的镖中有大钱。一旦镖局保的镖被这类盗匪盯上，专业盗匪一般都精心准备，常常使一些下药、偷袭、纵火等办法，作大案、抢大钱。然后溜之大吉。镖局之镖师又不是万能的，所谓明枪易挡，暗箭难防，镖师不免失镖丢命。因而专业盗匪对镖局的威胁很大，但镖局并不惧怕，一来能练就专业盗抢水平的盗匪毕竟只是少数人，且这类盗匪往往作案时人数较少，一旦发现，拼斗起来并不会落下风，对方作案时也会称一称自己有没有实力拿下镖局的“镖”，二来镖局也有对付这类专业盗匪的手段，那就是组织力量，集中围剿，能混成专业盗匪，必不是默默无闻之辈，但作案时也必定会留下蛛丝马迹，一旦镖局知道是谁劫的“镖”，定会组织同行业的众多镖师对其进行围剿。李尧臣在其作《保镖生活》中讲述了光绪二十七年（1901 年），会友镖局被宋锡朋等人劫镖，失镖两鞘多银子，会友镖局联合八家镖局对其围剿，彼此纠缠了好几个月，才把他们打垮，宋锡朋跑到东三省，入了马达子（胡匪），到了光绪二十八年（1902 年），宋锡朋偷偷回到家里藏了起来。会友镖局又派人前往冀州，把他擒住。后来，宋锡朋又被押解到保定，被杀死。在这种情况下，敢对镖局下手的专业盗匪其实很少，对镖局的威胁较大但不致命。

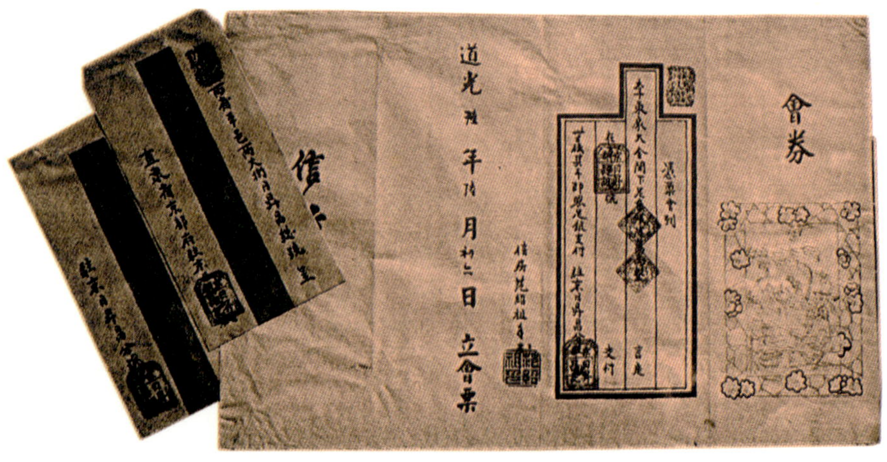

信封和装在它里面的会票

华北第一镖局博物馆概述
了解晋商创办镖局的一个重要窗口。

饥寒交迫的业余盗匪却对镖局生存形成了致命的威胁，这类盗匪原本都是老实的穷人，看似专业水平很低、组织松散、不成规模，但是当生活迫使他们走上盗抢之路后，就对镖局形成了致命的威胁，所谓抢也是死，不抢也是死，抢得来还能做个饱死鬼，抢不来只能做个饿死鬼。在这种将盗抢与生存和死亡结合在一起的斗争中，镖局必将处于下风。遇到这类盗匪，镖局就有点束手无策、无能为力了。既不能用对付职业盗匪的方法，也不能用对付专业盗匪的方法，因为这些业余盗匪不吃这套。你去攀交情，对方和你没交情，不是“道”上的朋友，无从攀起；你去登门拜访，对方无名头，不知门在何方，这次抢你和下次抢你的又不是同一伙人，无门可拜；你用围剿来威慑对方，对方悍不畏死，抢到了才能活着，抢不到早死了，还用得着围剿。所以，唯一的办法就是以武护镖，双方拼个你死我活。这对镖局的生存形成了致命的威胁。一来饥寒交迫的业余盗匪既不和镖师攀祖师爷论交情，更不按照“道”上的规则和镖师单斗较武。而是一上来抢时就抱定了抢是打死、不抢是饿死的必死之心，正应了那句俗语：“横的怕愣的，愣的怕不要命的。”人一旦要拼命那可就不好对付了，加上群起而围攻，镖师“双拳难敌四手”，不免会失镖丢命。为了保证不失镖丢命，镖局不得不增加运镖时的人数和装备，运营成本极大地上升，而且还时有失镖之事发生。镖局生意就有些艰难了。

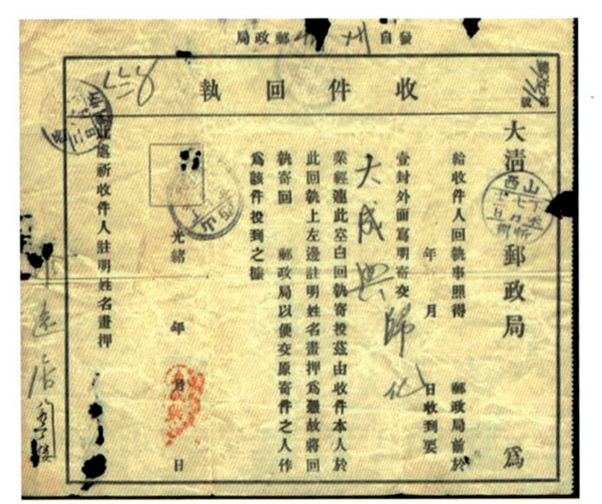
發自　　郵政局

收件回執

大清郵政局　爲

給收件人回執事照得　　郵政局當於

年　月　日收到要

壹封外面寫明寄交　大成興歸化

業經遞此空白回執寄投茲由收件本人於

此回執上左邊註明姓名畫押爲憑故將回

執寄回　郵政局以便交原寄件之人作

爲該件投到之據

光緒　年　月　日

[illegible]收件人註明姓名畫押

归化府商号的邮件

这是镖局后期出现的商号之间的邮件收件回执。

清康熙朝后期和雍正、乾隆朝时期，社会相对安定，人民生活相对富足，虽存在以反清复明为借口聚众山林的盗匪、以武犯禁的强豪和“不择手段”偷骗抢的歹徒，但正是这些盘踞一方的职业盗匪和具备不俗实力的专业盗匪，迫使感到威胁的商人通过镖局实现平安经营，这时的盗匪实际上是镖局真正的“衣食父母”。镖局通过攀交情和威慑将“衣食父母”搞定，使生意既多又实际上很安全。偶有个别业余盗匪，镖师出马，手到擒来，正好体现镖局之镖师的价值所在。

但进入道光朝后，连年灾荒加上清政府腐败至极，以致流民遍野，在生存面前，一些身强力壮的饥民被迫为匪，走上业余盗匪之路，数量越来越多，社会治安日益恶化，以致镖局运营举步维艰。

对镖局更为不利的是社会矛盾的激化，并不仅仅产生流民、盗匪，而是出现了一些与清政府有不同政治诉求的反抗组织，这些组织因其符合广大民众的要求而迅速发展、壮大，白莲教、义和团等民间秘密结社形成的势力开始对清政权造成威胁，洪秀全领导的太平天国更是曾和清政府分庭对抗，占领了半壁江山；此时，国外列强又开始侵入华夏，中华大地到处都有战火，中国人民处在了水深火热之中。在这样的社会背景下，以长途贩运为生的镖局是无法置身事外的，到处的斗争、到处的流血使镖局生存中的缺点暴露无遗，实际上在镖局生存本领中。武术技艺只是其生存的基本手段，而重要手段是传统文化中的中庸文化、和谐文化，可以说保镖也是将文化作为手段的行业。在这样的社会环境中，镖局自然难以生存。所以，社会治安的日益恶化对镖局生存形成致命的打击。

## 二、省费免运防劫失

山西票号的产生与镖局运现银不能适应社会环境有很大的关系。商业经营中流通货币量的增多和社会环境不安全的矛盾等诸多因素促使票号产生，而票号的产生又极大地挤压了镖局的生存空间。

张正明在其所著《晋商兴衰史》中对票号产生的社会原因进行分析时说：山西票号，又称汇兑庄或票庄，是一种金融信用机构。开始主要承揽汇兑业务，后来也进行存放款等业务。山西票号的产生有着深刻的社会背景和历史条件，具体来说主要是：第一，社会商品经济的发展对货币金融提出了新要求。第二，社会商品货币经济已有所发展，对金融业的发展提供了一定条件。第三，早期金融组织账局、钱庄的出现，为山西票号的产生创造了条件。第四，镖局运现已不能适应越来越扩大的货币交割需要。在商品交易过程中，由于商人异地采购业务的不断扩大，现银调动额数也越来越大，次数也越来越多，因此既安全又快速运现就成为一个突出问题。镖局就是在这种状况下应运而



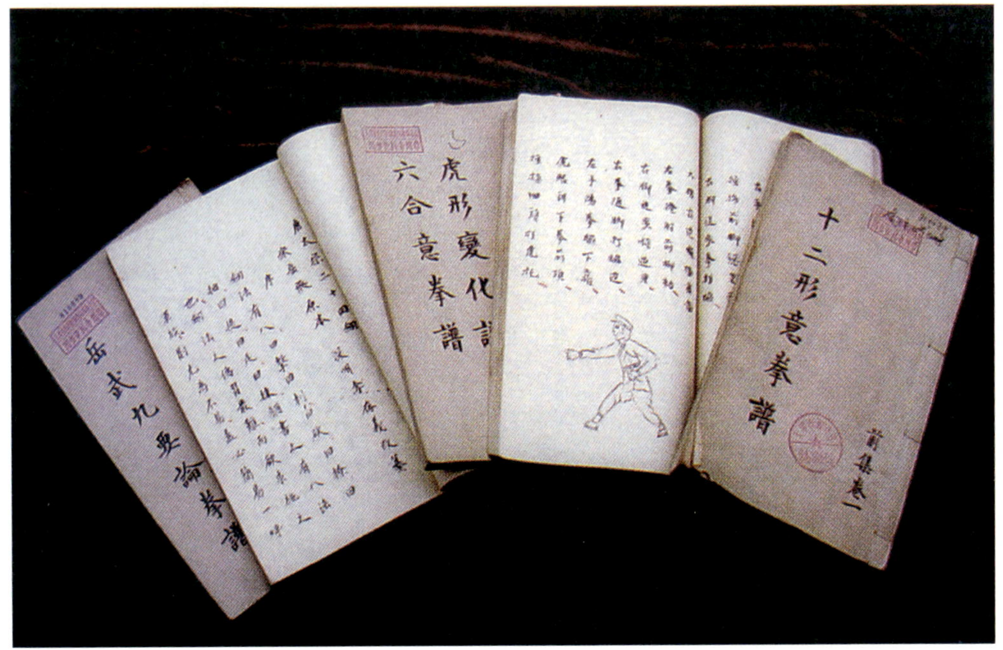


◎ 拳谱

镖师要提高自己的武技离不开对拳谱的研究。

生的专门运现机构。所谓镖局，以“雇佣武艺高超的人，名为镖师傅，腰系镖囊，内装飞镖，手持长枪（长矛），于车上或驮轿上插一小旗，旗上写明师傅的姓，沿途强盗，看见标帜，知为某人保镖，某人武艺高强不敢侵犯。重在旗标，故名标局……”镖局运现一般是按季起运，以归化城镖局来说，凡运往直隶的白银，路线是经平型关、骆驼峪，达平山、唐县；运往山西的白银，由杀虎口，往雁门关，达祁县、太谷。但是镖局运现，随着社会动荡，土匪四起，已不安全。因此，山西商人随着商业贸易的扩大，靠镖局运现确已远远不能适应业务发展要求，更何况镖局运现时间长、费用高，安全系数低。在这种情况下，以经营汇兑为主的票号自然就应运而生了（张正明，《晋商兴衰史》）。

黄鉴晖在《山西票号史》中论述：“国内国际贸易引起的货币流通中，我国自古以来，埠际间货币清算方式，一直沿袭着运送现银的方式。……社会不安定时……向社会提出改变起镖运现方式为汇兑方式的要求。”并总结山西票号产生的客观条件时认为（1823 年左右）：“第一，在中国工商业发展中遇到经营资本困难，即自有资本与经营所需资本不平衡的总矛盾中，商业信用的产生和会票的流通，为票号一开始经营票汇提供了可资遵循的经验。第二，由于商业信用的局限并不能解决工商业经营资本的困难，因而在清雍正乾隆之际，中国产生了经营工商业存放款业务的账局，又为票号经营存放款业

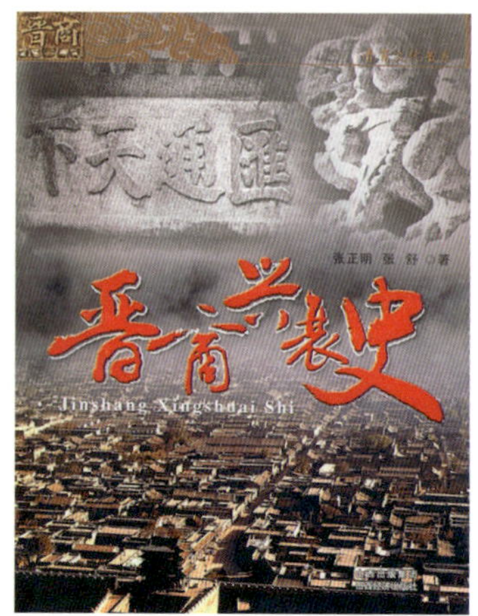

晋商兴衰史

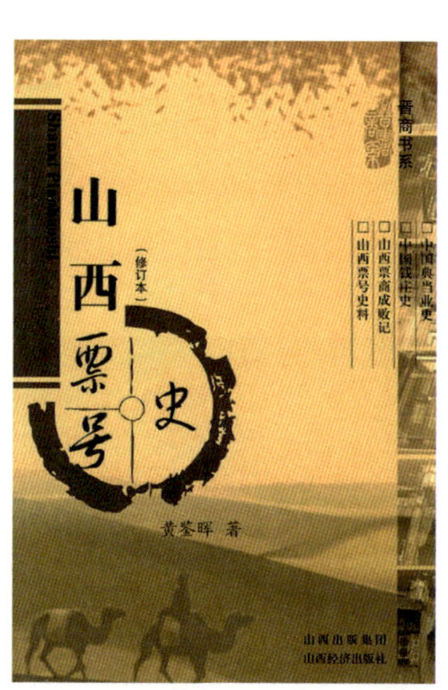

山西票号史

务提供了经验。第三，乾隆后半期至嘉庆年间，国内国际贸易的发展，引起埠际间货币流通量增大和频繁，依旧主要靠运送现银来清算，费时耗资，运现成为商品经济发展的一个严重障碍。加上社会不安定，运现存在着遗失的危险，工商业对改运现为汇兑的要求愈来愈强烈，促成了票号的产生。第四，民信局从'嘉道年间'开始后，为商民通讯提供了便利，结束了中国民间书信不通的历史，银行业经营埠间汇兑具备了客观条件。"

1923年山西省商业专门学校编著的《晋商盛衰记》在论述票号起源时说："清乾隆嘉庆间……尔时，各省买卖货物，往来皆系现银。运输之际，少数由商人自行携带，多数则由镖号护送，故保镖事业，厕时甚盛，精拳术者，亦大有用。盖沿途不靖，各商转运现银，时有被劫，虽有保镖武士，一遇多人，则寡不敌众，运输于是不灵。夫银钱之收交，关于商业之信用，乃萑苻多盗，梗塞路道，银钱之收交爽期，商业之信用将堕，故为各商所深忧。而才智明敏之雷履泰，出乎其间，乃发明斯业（票号），为金融界开一新纪元焉。雷君时为日升昌首号之执事，慨运款之不便，悯多商之束手，遂创兴汇兑一法。凡往来银钱，无论大宗小款，皆揽收该铺，代为收交。此响彼应，无需应现，祗烦一信之通、出纳不爽毫厘。且省路费，免转运，防劫失，一举而三得焉。"

穆雯英在《晋商史料研究》中论述山西票号产生的条件时说："首先，商品流通量和货币流通量的继续扩大，货币资本在城镇间调拨日益困难，商业兼营汇票与商品经济发展显然已经不适应。……庞大的货币额在城镇间调拨，完全依靠起镖运现金和商业兼营汇票已经越来越不适应了。其次，民间邮递组织的出现。其三，起镖运现不仅费时耗资，而且路途遗失危险增加，工商业对运现有所顾虑。起镖运现的货币清算制度，在我国长期的延续，既是商品经济发展状况所决定的，又与国内社会秩序安定有关。"

王尔敏也在《明清社会文化生态》中说："镖局不仅收费高昂，加以镖局龙蛇杂处，'失镖'事情时有所闻，这不是银主所能高枕无忧的事，因而启发了山西商人的一项专利：创立票号，代客汇解。"

对上述诸多观点进行分析认为，票号的产生有着深刻的社会背景和历史原因，但其中有一点原因非常重要，就是镖局运现已经不能适应社会需求。

镖师演练形意拳

清光绪二十九年（1903 年），郭云深（坐中左）、车毅斋（中左）。

社会治安的不安定使镖局面临空前的生存危机，商业发展步伐又快，山西商人看到了影响商业发展的瓶颈，发明了票号，只需一人带一张纸，就可以走遍天下去经商。既没有大批金银运输的舟车劳顿，更没有大张旗鼓运输的招摇过市，安全性提高了，周转速度加快了，运输成本降低了，这些镖局不能解决的问题票号全部迎刃而解了，镖局经营中最重要、最赢利的金银长途运输业务也被票号夺去了，晋商票号的开办客观上挤压了镖局本就举步维艰的生存空间。

# 第二节 武技渐绌 镖商落幕

如果说羁匪无门使镖局经营陷入困难，镖局还可以通过增加运营成本来实现经营；如果说票号开办挤压了镖局的生存空间，镖局还可以通过为票号服务来实现经营。当数载苦练的武术功夫根本无法抵挡对方的食指（扣动扳机）时，赖以运营的"根本"不复存在了。镖局只能黯然地退出历史舞台。

关键词：火器盛行 武技渐绌

## 一、数载苦练一朝空

镖局是以武术为生存的基本手段，虽说镖局走镖和坐镖之时，大多数时候凭借名声、口才、社会关系等手段来对付各种盗匪。但支持前面手段的是武术技术，三寸不烂之舌能将对手说服，但一旦话不投机，就必须动手见真章，而且对方是前来抢劫的盗匪，目的明确，如不是惧你的真功夫，才不会

（同兴公镖局）镖师练功场地

镖师们用过的兵器

步枪

镖局后期为适应保镖的要求，有些镖局已经配备上了枪支等近代武器。

听你说什么！早动手抢了。所以武术技能实际上是镖局生存的最重要的手段。

从李尧臣在《保镖生活》中的描述可知，一个成功的镖师需要掌握大量的武术技艺，先练拳术，后练六合刀，随后又练大枪，一十八般武艺，以后又练水上的功夫，水里使得短家伙，如分水揽、雁月刺、峨嵋刺、梅花状元笔之类，学了不少，水陆功夫学会了，就学使暗器，紧背花装弩、飞蝗石子。学会了软硬功夫，还得练飞檐走壁，蹿房越脊。学会了飞行本领，还要练马上的功夫。古来作战，有车战、水战、步战、马战。这么多需要学的武术技术使一个镖师的培养成本很高，时间很长。镖师也才能对盗匪产生较大的威慑力，无论是专业盗匪、职业盗匪，还是业余盗匪，都对镖师经过数年、数十年苦练才能练成的技术惧怕三分，尤其是大量的业余盗匪，镖局的武术技术优势非常明显。

但这个技术优势随着洋枪、洋炮的大量出现而迅速被挤压，数十年苦练的武术技术抵不过一颗子弹，而要练成将一颗子弹准确地打入对手心脏，只需练习三个月或更短，这对盗匪和镖师是同等的时间，这样镖局生存的技术优势就被迅速压缩到三个月内，大量的业余盗匪经过短期练习迅速升级为专业盗匪或职业盗匪，镖局生存路上的艰险多了好几倍。镖师对此只能是无可奈何。赵映林在其著的《民初北京的镖局》中写道：“随着科技的进步，新式武器——枪炮的出现，镖局只能堂堂皇皇地敞开门面招揽生意，自然比不上盗贼可以在黑市买得枪械的方便，一消一长，盗贼虽未绝迹，镖局却已没落。所以，当时一位叫邓剑娥的女镖师，虽有一身武艺却不得不感叹道：‘火器盛行，武技渐绌矣。盗之器械，皆视我为精，今惟以情谊名誉羁之耳。’邓剑娥的父亲邓魁亦是清末一位名镖师，走镖之时为盗贼冷枪所击毙，邓魁死后，邓家镖局就先于会友镖局关门大吉了。”

枪炮的大量使用，使镖局实际失去了生存中最重要的技术优势，著名镖师、一代大侠王五就死于枪炮之下。没了优势，镖局生存也就艰难多了。

## 二、一声叹息



镖局在羁匪无门、武技渐绌和商业淘汰的三方合力下，几乎在很短的时间内就被迫从大城市退出了。进入了农村市场，但只有山西的农村当时还具有较强的经济实力，需要镖局保护其家宅和商号的安全。但晋商商战的失败再次累及镖局，镖局在举步维艰地坚持了几年后便销声匿迹了。

镖局的迅速没落，让曾经的镖师有些无所适从，虽然走镖、守镖已经变得非常危险，但孤独的行走在野店荒林中，用豪迈和武功博得商旅涕零的生活依然值得怀念。著名作家老舍先生在《断魂枪》中就用细腻的笔调写了一位被迫退出江湖的镖师沙子龙那无奈的叹息。

沙子龙的镖局改成了客栈。

……

枣红色多穗的镖旗，绿鲨皮鞘的钢刀，

断魂枪——老舍

响着串铃的口马（张家口外的马匹），江湖上的智慧与黑话，义气与名声，连沙子龙，他的武功、事业，都梦似的变成昨夜的……神枪沙子龙的这条枪和这套枪（五虎断魂枪），二十年的功夫，在西北一带，没遇见过敌手。

……

“夜静人稀，沙子龙关好了小门，一气把六十四枪刺下来；而后，拄着枪，望着天上的群星，想起当年在野店荒林的威风。叹一口气，用手指慢慢摸着凉滑的枪身，又微微一笑：‘不传！不传！’”

失去走镖生意不仅意味着镖师生技没有着落，更是意气风发的侠客生涯的结束。镖师有的从事大车店、骡马店、旅店等生意。有的更是迫于生计，开始扫个场子卖艺。由于走镖培养的徒子、徒孙太多，需要吃饭的人口众多，大多数镖师生活的并不如意。

晋商老宅

昔日辉煌已过，留下今人无尽感慨思念。

# 第三节 侠义犹存 精神永铸

镖师们其实并没有无奈多少时间，国术就被作为救亡图存的一种有效措施加以提倡。镖师虽然已经不再千里走镖，但一身的好功夫大多没有浪费，在新思想的引导下，曾经的镖师们纷纷走上以武救国之路。

关键词：精武体育会 侠之大者

## 一、尚武精神

1911 年的辛亥革命虽然结束了两千多年的封建帝制，但国家仍然面临着内政腐败、外强入侵及国民体质羸弱的严重局面，当时社会许多有识之士认为："国势衰弱，欲弱为强，必须先谋种族强盛"，而谋强种必须重视体育。并总结出"日本体育专重击剑、柔道二门，其国民精勇报国之精神实职于此。英国则以打球为国民体育法，其他德美诸国无不由体育法而养成国民气节，其成效亦略可睹矣"。而"中国亦本有良好的体育传统……数代武功独盛"。在以武强种强国思想的影响下，一些社会名流的教育家，延揽武术人才，兴办武术组织。据不完全统计，上海除 1910 年成立的精武会外，还有中华武术会等三十多家武术会社；北京除 1911 年成立的北京体育研究社外，还有中华尚武学社等二十五家武术会社；天津除 1911 年成立的中华武士会外，还有道德武术研究会等十余家会社。这些会社大量聘请民间拳师任

霍元甲

霍元甲在顺源镖局住过的客房

教，众多镖师纷纷进入会社教学。形意镖师李存义就曾在“精武体育会”任教，后在天津创办中华武士会。

在这些创办的会社中，最著名的就是由镖师后人霍元甲（霍父霍恩弟曾为镖师）主持的精武体育会。霍元甲（1868—1910年），河北静海（今属天津）人，精家传秘踪拳，擅技击。1901年在上海创办“精武体育学校”，次年更名为“精武体操会”，1915年改为“精武体育会”。精武会“以提倡武术，研究体育，铸造强毅之国民为主旨”。自创办起，精武会迅速发展，至1929年，精武会已有分会42个，会员逾40万人，大量的前镖师都在其中任教，李存义就是其中之一。1931年后，精武会在各地积极从事抗日宣传和参加抗日斗争，1932年被侵华日军捣毁总部。但精武精神早已深入人心，是捣毁不了的。

精武精神是对“侠义”文化的传承和发扬，自从“侠义”文化产生时起，“侠义”就从“士为知己者死”的快意恩仇逐渐向“为国为民”的舍生取义发展。至清末，民族危难之时，武术家开始反思“行侠仗义”，尝试“以武救国”，并最终将“侠义”定格在“虽马革裹尸，亦有余荣”。“综观行侠行径，无非暴虎冯河，死而无悔；一时意气，拔刀相助而已。要不出小恩小惠之列，而终归逃亡丧身已耳。虽其侠义可嘉，然能有此杀身立义之志，不如投身报国，广援众生，锄外侮以殿家邦，拯黎首于康乐。与其杀一以儆百，不若逐异类以强族，虽马革裹尸，亦有余荣。似此自相倾轧，兄弟相墙，枉丧有用躯骸，投于不明不白地带，不其冤哉！侠义乎！英雄乎！国将亡矣，其勿自安于小也。”（万籁声，《武术汇宗》）至此，侠义精神达到了至高境界。

## 二、体育精神

当历史的车轮驶进 21 世纪时，国运昌盛，民富国强，中华民族的盛世即将到来。但在这样一个全球化的信息时代，不同区域的文化冲突和融合也在加速，中华民族的“厚德载物”、“和而不同”及“行侠仗义”等传统文化都将面临西方文化的冲击，如何储存、传递和顺利转型中华传统文化对中华民族的复兴具有极为重要的作用。

侠义精神作为中华民族传统的文化之一，同样受到了与现代融合的问题，曾经的一时意气——拔刀相助在现代社会公平、公正的法制面前已经显得格

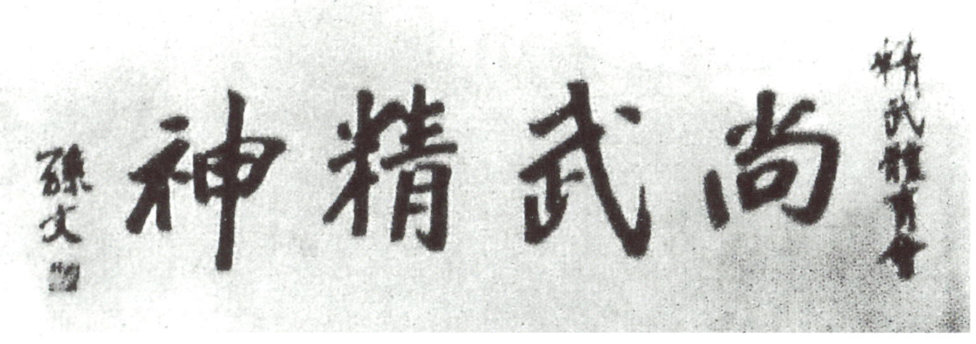


尚武精神

侠义精神

中央国术馆举办的第一次国术（武术）考试开幕式

格不入；而“异类”已被驱逐，强族基本实现。侠义精神似乎失去了生存的空间和生存的必要。

其实，“侠义精神”早已经融入每一个有胆有识的中国人心里了，正是凭借着“厚德载物”、“和而不同”及“侠义精神”等民族精神，中华民族才经受住了一轮又一轮的考验。当 2008 年汶川地震发生后，英勇的人民解放军、白衣天使用鲜血和生命阐释了现代“侠义”——为国为民，侠之大者。而无数国人排队献血、排队捐钱、排队领养地震中的孤儿正是一种现代的侠义精神。

现代侠义精神还在体育领域中实现了完美的传递与转型。与武术同源的体育运动无疑是继承和发扬民族传统文化的最佳载体，“体育精神就是人类精神，体育的精神就是人生的精神”（李力研，《奥林匹克精神与体育文化》）。体育精神中包含了公平竞争、团队精神、全力以赴、坚忍不拔、顽强拼搏、自强不息等民族进取精神，体育精神中也包含了承受挫折、不怕失败的民族献身精神。“侠义”精神的传承者之一镖师职业虽然已经消亡，但镖师走镖中全力以赴的品质，坚忍不拔的意志，顽强拼搏的斗志却通过运动健儿的体育竞争体现了出来。

# 主要参考书目

成艳萍：经济一体化视角下的明清晋商[M].北京：科学出版社.2013.

冯改朵、刘建生等：西口研究——以杀虎口为中心[M].太原：山西经济出版社.2012.

刘建生、燕红忠、张喜琴：明清晋商与徽商之比较研究[M].太原：山西经济出版社.2012.

燕红忠：晋商与现代经济[M].北京：经济科学出版社.2012.

燕红忠：中国的货币金融体系——1600—1949[M].北京：中国人民大学出版社.2012

刘建生：商业与金融：近世以来的区域经济发展[M].太原：山西经济出版社.2009.

刘建生、燕红忠、石　涛等：晋商信用制度及其变迁研究[M].太原：山西经济出版社.2008.

刘建生、燕红忠、王瑞芬等：山西典商研究[M].太原：山西经济出版社.2007.

刘建生、刘鹏生、李　东：回望晋商[M].太原：山西经济出版社.2007.

刘建生、刘鹏生、燕红忠等：明清晋商制度变迁研究[M].太原：山西人民出版社.2005.

刘建生、刘鹏生等：晋商研究[M].太原：山西人民出版社.2005.

刘建生：晋商巨擘[M].太原：山西经济出版社.2005.

刘建生：商谭[M].太原：山西经济出版社.2002.

刘建生、刘鹏生等：山西近代经济史——1840—1949[M].太原：山西经济出版社.1995.

刘建生：中国近代经济史稿[M].太原：山西经济出版社.1992.

## 一、晋商史志

程素仁：晋商股俸制及其对现实的指导意义[J].北京：北京商学院学报（社科版）.2006.5.

邓亦兵：清代前期对商品流通基础设施的投入问题[J].北京：首都师范大学学报（社科版）.2002.5.

葛贤慧：明清山西商人研究[M].香港：香港欧亚经济出版社.2001.

黄鉴晖：明清山西商人研究[M].太原：山西经济出版社.2002.

山西票号史[M].太原：山西经济出版社.2002.

孔祥毅：金融贸易史论[M].北京：中国金融出版社.1998.

山西票号与中国商业革命[J].北京：金融研究.2002.8.

雒春普：山西票号业的金融创新[J].太原：晋阳学刊.2001.2.

穆雯瑛：晋商史料研究[M].太原：山西人民出版社.2001.

秦宝琦：中国地下社会[M].北京：学苑出版社.1993.

史若民、牛白琳：平、祁、太经济社会史料与研究[M].太原：山西古籍出版社.2002.

谭文凤：中国近代保险业述略[J].北京：历史档案.2001.4.

田际春：山西商人的生财之道[M].北京：中国文史出版社.1986.

卫聚贤：山西票号史[M].上海：中央银行经济研究处.1945.

行　龙：从社会史角度研究晋商与地方社会[J].太原：山西大学学报（哲学社会科学版）.2005(28).l.

姚宝暄：山西历代人才的地理分布及分类特征[J].太原：晋阳学刊.1988.4.

张正明：晋商兴衰史[M].太原：山西古籍出版社.2001.

晋商与经营文化[M].广州：世界图书出版公司.1998.

中国近代史史料学会：晋商史料研究[M].太原：山西人民出版社.2001.

## 二、武术文献

《中国武术百科全书》编撰委员会：中国武术百科全书[M].北京：中国大百科全书出版社.1998.

曹广志：河北武林故事[M].北京：中国民间文艺出版社.1986.

曹志清：曹志清.形意拳理论研究[M].北京：人民体育出版社.1993.

武术网：车毅斋轶事.[EB/OL].[2004-8-2].http://www.e-wulin.com/channel/xingyi.asp.

陈　山：中国武侠史[M].上海：三联书店.1992.

郭瑾刚：戴氏心意拳[M].太原：山西科学技术出版社.2003.

国家体委武术研究院：中国武术史[M].北京：人民体育出版社.1997.

何　新：侠与武侠文学源流研究（上篇）[J].长春：文艺争鸣.1988.1.

林伯源：中国武术史[M].北京：北京体育大学出版社.1994.

马国兴：古拳论阐释[M].太原：山西科技出版社.2002.

山西体育运动委员会武术挖掘整理组：山西武术拳械录[M].内部资料.1985.

宿继光：明清山西武术发展的社会因素探析[M].山西大学硕士学位论文.2005.

万籁声：武术汇宗[M].上海：商务印书馆.1932.

王　齐：中国古代的游侠[M].北京：商务印书馆国际有限公司.1997.

温　力：中国武术概论[M].北京：人民体育出版社.2005.

吴殿科：形意拳术大全[M].太原：山西人民出版社.2000.

徐奎生：通臂缠拳[M].太原：山西科学技术出版社.2000.

张宝瑞：北京武林轶事[M].北京：北京燕山出版社.1987.

张希贵：山西武术名人名拳录[M].太原：山西高校联合出版社.1995.

张耀伦：傅山拳法[M].太原：山西人民出版社.1988.

## 三、镖局史料

方　彪：镖行述史[M].北京：现代出版社.1995.

房建昌：清代以来内蒙古的当铺与镖局考略[J].包头：阴山学刊(社会科学版).1995.2.

哈恩忠：光绪三十二年京城管理镖局枪支史料[J].北京：历史档案.2005.3.

闲话保镖[J].北京：北京档案.2004.8.

何长华：旧时镖业隐语[J].北京：商业文化.1998.1.

孔祥毅：镖局、标期、标利与中国北方社会信用[J].北京：金融研究.2004.1.

李　刚、郑中伟：明清镖局初探[J].西安：华夏文化.1999.4.

李尧臣：保镖生活[M].文史资料选辑第75辑.北京：文史资料出版社.1981.

刘向东：晋商的“过镖”制度[J].太原：中国地方志.2003(SI).

吕小鲜：乾隆七年保镖史料一则[J].北京：历史档案.2001.4.

齐如山：镖局[M].文史资料选编第34辑.北京：北京出版社.1988.

曲彦斌：中国镖局[M].辽宁：辽宁古籍出版社.1994.

中国民间隐语行话[M].北京：新华出版社.1991.

王尔敏：明清社会文化生态[M].台北：台湾商务印书馆.1997.

徐　珂：清稗类钞[M].台湾：中华书局.2004.

许乃晶：山西票号用人制度的有益启示[J].南京：现代金融.2004.10.

云游客：江湖丛谈[M].北京：中国曲艺出版社.1988.

赵映林：民初北京的镖局[J].南京：民国春秋.1998.3.

民初镖师的走镖[J].南京：民国春秋.1998.6.

清末民初几位著名的镖师[J].南京：民国春秋.1998.4.

# 后 记

光阴荏苒，转瞬数年，至今尤记得少年时习武岁月中的每一天。

清晨，当第一缕阳光还没有露头的时候，我已经在破旧的城墙上，踩着略微湿润的古城砖，不停地跑城阶、蹲马步、拿大顶，父亲的严责和敲打、分辨不清的汗水和泪水是最深刻的记忆。

课上，被界定为闲书的武侠小说让我成为最痴迷、最不务正业的学生，九阴真经、降龙十八掌替代了语文、数学，郭靖、萧峰成了我的偶像，做一名行走江湖的侠客成为我的梦想。课桌上约一厘米见方的小洞成为逃避老师“抓捕”的最重要的读“闲”书通道，至今想来仍为当初的毅力惊叹。

上午的放学铃声犹如百米的发令枪声，回家的欲望让我忘掉安全，如飞而行，因为家里唯一的电器（收音机）里会在十二点一刻播放隋唐传、杨家将等评书，书中的秦琼、杨六郎等时刻牵动着我的心。如果因老师偶尔的拖堂或路途中延误而漏听了一段，就会沮丧一下午。

晚上在屋后小院的葡萄架下，总能听到曾在包头做伙计的爷爷和对武术颇有研究的父亲讲他们那个年代的晋商故事、武林轶事。由此体会到昔日风光无限的晋商、镖师在现实中的辛酸无奈。爷爷说：“应该把这些故事告诉更多的人”，父亲则说：“自古名将愚忠死，从来侠士仗义亡！纵使英雄泪满襟，舍生取义代涌承！应该将这些道理讲给更多的人”。

只可惜，随着管我责我教我打我的父亲早逝，疼我爱我宠我策我的爷爷很快也驾鹤西游了，失去人生导师的我，梦想很快被现实击碎，苦练数年的武术也被搁置，梦想从此真的成了梦想！

2004年，我在苦思硕士论文选题时忽然怀念起葡萄架下的故事，强烈的思绪萦绕激发了实现梦想的渴望。于是一头扎进了这个历史学、晋商学和武术学的研究领域，进入这一特殊的晋商群体——镖局。

从此，镖局、镖师的“快意”故事和“侠义”品质让我无法自拔。

翻开历史的长卷，二三百年的走镖坐镖，几乎没有风光体面的轶事，却处处充盈着沧桑的悲情。镖路之苦，苦不堪言；镖途之累，心神交瘁；镖师之难，难于上青天。每趟出镖都流露出“风萧萧兮易水寒，壮士一去兮不复还”的豪迈，每次走镖都要“衣不解带脸不洗”地走上一年。这根本不是一份糊口的职业，而是一种“能力越强、责任越大”使命使然。数载习武的镖师，以“忠义”为理想，以“侠客”为模板，用“舍生取义”的勇气、“已诺必诚”的傲气和“不矜其能、羞伐其德”的浩气承接了历史的使命，成就了辉煌的晋商传奇。

转瞬，十年的艰苦研究过去了，梦想终于接近现实，书稿即将出版，谨以此书告慰在天的爷爷和父亲！你们用晋商、镖师的故事传授给我的“任侠尚义”的忠义品质和“知难行易”的人生态度，成为我一生为之努力的信仰。正是这种信仰让我面对生活的磨难、别人的误解与中伤时保留了一份豁达的心境和永不言弃的勇气。

书稿得以出版，与众多良师挚友的帮助是分不开的，由衷地感谢你们！

感谢张永昌老先生、范忠秀老先生的抱病畅谈，您二位提供的最真实镖局资料是无价的。

感谢华北第一镖局博物馆、中国镖局博物馆提供的宝贵资料，你们是镖局研究的先行者和实践者。

感谢刘建生教授，感谢您的帮助、点拨和指导，感谢您提供给我一个学习、提高的平台。

感谢石岩教授、李金龙教授、毛明春教授和杜振远教授，感谢你们传授我理论知识、武术技能和研究方法。

感谢胡英泽教授、燕红忠教授、杨祥全教授和刘成虎副教授，感谢你们帮助我实现了历史学和体育学研究方法有机融合，解决了很多关键问题。

感谢乔增光老师、丹豫晋老师，感谢你们帮助我进行文献的考证和资料的甄别。

感谢郭凌宇老师、邵建功老师、郝晓光老师、高明老师、薛永兵老师、姚宝珍老师，感谢你们提供了套路照片使文稿有血有肉。

感谢康红刚编辑，感谢你逐字逐句的修改，多方找图和配图，一丝不苟的核实和校对。

落笔，窗外月明风急，骤雨将至，丝丝凉意沁入心房，仿佛间看到了在野店荒林中，一名孤独而略显焦虑的镖师，左手握着佩戴在腰间的临行时爱妻亲手缝制的平安荷包，右手紧握佩刀，眼中透露着坚毅之光，机警的环视四周！

刘映海

甲午年于平遥陋室

# 跋

明清晋商在中国商业舞台上活跃的时间之长、影响之大，是空前的。然而历史的车轮无情地碾过那段令人激奋和无奈的岁月，只留下斑驳的记忆和深深的叹息。如何重拾昔日辉煌、重振晋人精神，如何改变百年封闭思想、形成晋人与时俱进的理念，如何挖掘历史文化遗产、实现文化强省，如何改变外界对山西的偏见、重塑山西的时代形象，成为当代有识之士急于破解的难题。

在国家日益重视文化对社会发展的重要意义的背景下，正值山西省委、省政府大力推动文化产业发展的良好历史机遇，2008年初夏，时任山西教育出版社社长的荆作栋以敏锐的市场把握和独特的文化视角，结合晋商出版物的现状，将晋商文化的挖掘和传承作为出版工作的一个切入点，提出做一套能全面展示晋商文化图书的出版思路；山西大学晋商学研究所近二十年来一直致力于晋商研究，曾先后出版相关专著十余部，发表相关论文二百余篇。鉴于此，张沛泓、杨文两位编辑在多方调研和充分论证的基础上，最终确定与山西大学晋商学研究所合作，以《晋商五百年》丛书的形式，将近年来晋商在各方面的研究成果进行整合，以通俗和生动的方式图文并茂地展示给广大读者。山西大学晋商学研究所在深入思考和集思广益之后，决定全力以赴做好这套书。相信这必将有力地推动晋商文化的宣传和普及，更好地满足文化市场发展的需求。

随着晋商研究的深入，晋商学作为一门独立的学科已经粗具规模，其研究的外延亦不断扩大。《晋商五百年》丛书主要从经营行业（盐商、典商、票商、茶商、粮商等）、会馆、家族、教育、公司、建筑、经营、镖局、走西口等方面，对晋商现象进行概括性描述，基本可以反映出明清晋商的全貌。在本丛书的各分册中，对晋商饮食起居、书法戏曲、官商关系、社会公益以及特有的商业习俗等也都有所涉及。

《晋商五百年》丛书十四册的编写历经五年有余，经过出版社同志们的辛勤劳动和各分册作者的共同努力，终于可以付梓出版了。丛书作者为山西大学晋商学研究所、历史文化学院、经济与管理学院、教育学院和体育学院研究晋商学的老师和研究生，他们分别从自己研究的领域和视角对晋商现象进行了介绍。在五年多的编撰过程中，出版社编辑和作者两方多次探讨，反复修改，几易其稿，达成共识；特别是在丛书整体的文字表达上，尽量使用通俗的描述语言，并配以内容丰富、形式多样、涉及范围广的“延伸阅读”，让各册内容更加丰满，知识涵盖面更加广泛。在此，对各位著作者的辛苦工作表示敬意。

山西教育出版社编审委主任张沛泓、项目部主任杨文在本丛书的论证、策划、立项、组织等方面做了大量工作，并在成书的过程中积极推动，在此对她们的敬业精神表示钦佩。各册责任编辑为使图书更加美观形象、内容更加生动丰富，通过各种渠道搜集和拍摄了大量图片，下了很大工夫，也付出了很多心血。山西教育出版社美术编辑刘志斌在丛书的装帧设计、正文图片的统筹和编排等方面做了大量工作。在此对山西教育出版社相关领导和编辑们的敬业精神和辛苦工作表示崇高的敬意和衷心的感谢。

本丛书在编写的过程中，我们参考了大量学界前辈和研究同仁的研究成果，但囿于体例和篇幅限制，不能全部一一标列，在此对各位作者表示诚挚的感谢和深深的歉意。由于本丛书有的分册是师生合作编撰，其中在结构安排、行文内容等方面还有一些尚需斟酌之处，恳请各位读者指正和谅解。

刘成虎

于山西大学晋商学研究所

## 鸣 谢

为全面形象地宣传、展示晋商文化，本丛书在编辑出版过程中编配了一些相关图片，我们希望取得摄影者的授权，但囿于时间、条件的限制，部分图片未能事先与摄影者取得联系。在此，我们对相关摄影作品的作者表示歉意并恳请能及时与我们联系。本丛书图片的提供者有梁铭、荣浪、薛菲、刘志斌、高春平、刘成虎、刘映海、康红刚等，并得到北京晋商博物馆、山西财经大学晋商博物馆、山西省博物院、太原晋商博物馆、山西近代矿史研究会、保晋公司纪念馆等单位的大力支持，在此一并致谢！